校长风采

北京百名初中校长教育风采

BEIJING BAIMING CHUZHONG XIAOZHANG JIAOYU FENGCAI

承办单位：中小学数学教学报社
主办单位：北京市教育学会初中教育研究分会

主　编　邓兴军
摄　影　邓兴军
副主编　王　辉　吴亚格

華文出版社
中国出版集团公司

图书在版编目（C I P）数据

神态 ：北京百名初中校长教育风采 / 邓兴军主编.
—— 北京 ：华文出版社，2017.6
ISBN 978-7-5075-4701-6

Ⅰ. ①神… Ⅱ. ①邓… Ⅲ. ①初中－校长－生平事迹－北京－画册 Ⅳ. ①K825.46 Ⅳ. ①I217.2

中国版本图书馆CIP数据核字(2017)第102748号

神态 ：北京百名初中校长教育风采

著　　者：邓兴军
责任编辑：刘新颢
出版发行：华文出版社
社　　址：北京市西城区广外大街 305 号 8 区 2 号楼
邮政编码：100055
网　　址：http://www.hwcbs.com.cn
电　　话：总 编 室 010-58336239　发 行 部 010-58336212 58336238
　　　　　责任编辑 010-63421256
经　　销：新华书店
印　　刷：北京金港印务有限公司
开　　本：889 × 1194　1/16
印　　张：15
字　　数：223 千字
版　　次：2017 年 7 月第 1 版
印　　次：2017 年 7 月第 1 次印刷
标准书号：978-7-5075-4701-6
定　　价：268.00 元

主编简介：

邓兴军：中小学数学教学报社长兼总编辑。曾任北京青年报首席教育记者、现代教育报副总编辑。曾获得北京红领巾教育奖章、北京未成年人保护先进个人、百姓眼中好党员等荣誉。

他是知名教育学者。担任中央人民广播电台、北京人民广播电台特约教育评论员，出版《升学热点面对面》、《北京名校长》、《小学校大教育》、《摇滚先锋》等专著。

他是知名教育记者。四次获得中国新闻奖、五次获得北京新闻奖，其新闻作品入选人民教育出版社高中《语文》教材、中国人民大学出版社出版大学《新闻与写作》教材等，公益在北京一零一中学、中关村一小等知名中小学讲授新闻写作课程。

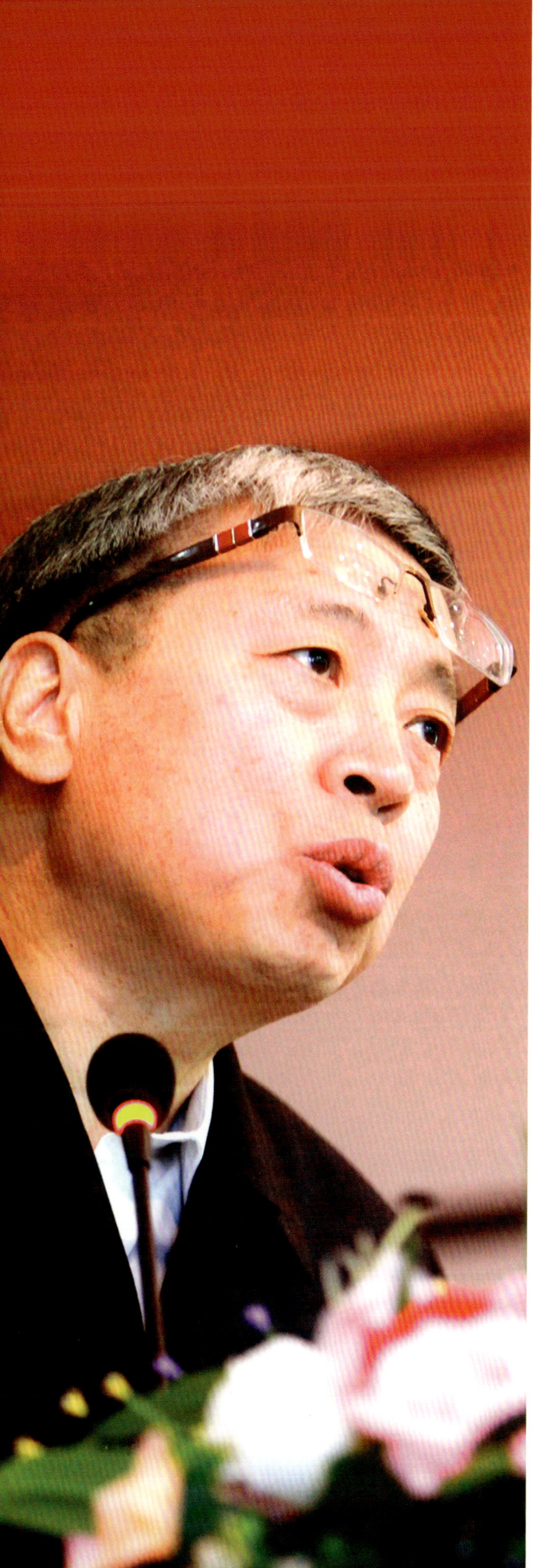

前　言

“百年大计，教育为本”，为充分展现你们的教育风采，北京市教育学会初中教育研究分会隆重举办本次大型公益活动——神态：北京百名初中校长教育风采摄影展。

本活动本着“和谐发展、共同进步”的宗旨，以高起点、高规格的特点一方面为校长们搭建了一个展示自我教育风采、宣传学校文化、共同学习的交流平台；另一方面，让大家借助这个机会共同吸取精华、开拓思路、提升自我，并齐力探索、创造出更多可学习、可推广的有益教育经验。

本次参展的100余位初中校校长由北京市教育学会初中教育研究分会与各区教委共同推荐，由中小学数学教学报社负责全程拍摄。两个月的拍摄行程能够得以顺利完成，离不开校长们的积极配合和拍摄人员的辛劳付出，希望各位校长能以本次活动为契机，积极展现自己教育教学理念和实践成果，在业界立典型，弘扬正能量。

不忘初心，面向未来，让我们携手共创，为北京教育的发展贡献出自己的一份力量！

北京市教育学会初中教育研究分会　吴甡

2017年1月

目　录

（排名不分先后，以姓氏首字母为序）

神态
校长风采
北京百名初中校长教育风采
BEIJINGBAIMINGCHUZHONGXIAOZHANGJIAOYUFENGCAI

卜海燕

北京市第六十五中学

近几年来，在卜海燕校长的带领下，北京市第六十五中学坚持弘扬“和美”文化，秉持“致知力行、和美共进”的办学理念，坚持“全面、和谐推进学生、教师和学校可持续发展”的办学理念，围绕“文化铸魂、实干筑梦，建设美丽校园”的工作主题，金帆舞蹈团、金鹏科技团成绩突出，在校本课程、艺术、体育、科技、教育科研和国际教育等方面特色显著。

学校拥有一支优秀的教师队伍。专任教师中有研究生水平的教师占30%以上，特级教师，市、区、校级骨干教师40余名，他们中有市区优秀教师，教育新秀，师德标兵，全国及北京市教学比赛一等奖获得者，北京市紫禁杯班主任特等奖获得者。

2002年学校成立国际部，具有招收外国留学生、聘请外国专家、北京联合国教科文组织协会成员校等资质。2015年成为对外经济贸易大学国际教育交流与合作实验学校。

神态
风采
校长
北京百名初中校长教育风采
BEIJINGBAIMINGCHUZHONGXIAOZHANGJIAOYUFENGCAI

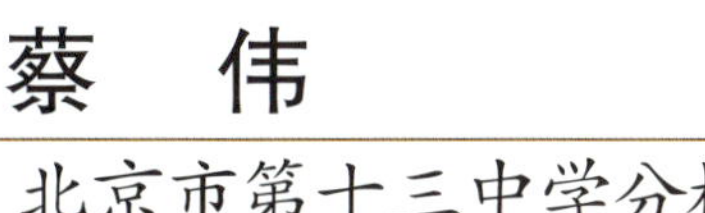

蔡 伟

北京市第十三中学分校

近年来，北京市第十三中学分校始终以平稳、优质的教学质量在社会上享有广泛的社会美誉度，是广大学生家长高度认可的学校之一。

蔡伟校长拥有二十多年教育教学经验，她带领“一班人”应对新情况、新问题，秉承“办有品位的精致教育，为学生幸福人生奠基”的教育理念，高举“办学高水平，教学高质量，学生高素质”的办学目标，提出“把学校建设成师生共享幸福的精神家园，在北京市基础教育有影响力和示范性，在全国有一定知名度和辐射力的优质学校”。学校力求在改革中求变，在变中求创新，求发展，求在义务教育阶段办学的引领地位。学校已培养了一大批德、智、体全面发展的毕业生，中考成绩稳居全区前列，并多次夺得北京市中考状元。

学校获得了“北京市文明单位”、“西城区师德先进单位”、“西城区心理教育特色校”、“西城区课改先进校”等荣誉称号。

风采
校长
神态
北京百名初中校长教育风采
BEIJINGBAIMINGCHUZHONGXIAOZHANGJIAOYUFENGCAI

曹永明

北京市房山区第二中学

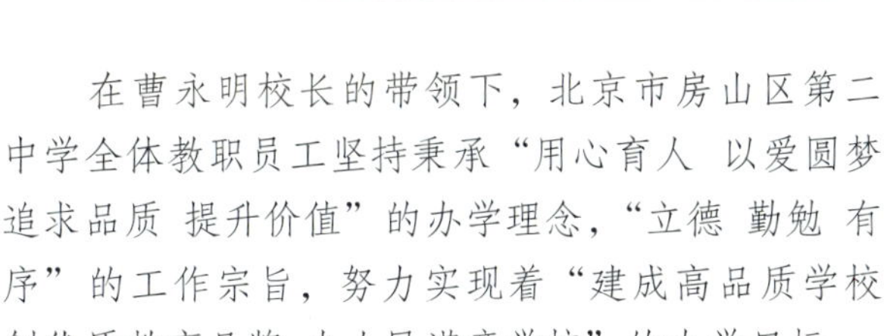

在曹永明校长的带领下，北京市房山区第二中学全体教职员工坚持秉承“用心育人 以爱圆梦 追求品质 提升价值”的办学理念，“立德 勤勉 有序”的工作宗旨，努力实现着“建成高品质学校 创优质教育品牌 办人民满意学校”的办学目标。

学校坚持贯彻房山区教委“1123”工作思路，完成“三大聚焦”，在大局观、责任观、生命观上统一思想，达成共识，用心做教育，做心中有人的教育。

经过全体师生的共同努力，学校已取得以下成果：课程体系建设完备；探索出了符合学校实际的“四学一检”课堂教学流程；借力高效读写，助推高效课堂；文化巡展成为学生展示才华的舞台；零距离跑步成为学校一道亮丽的风景线；学生社团百花齐放，十大星级评选走上星光大道；学生评价体系健全，孩子们真正成为了学习的“主人”。

北京百名初中校长教育风采
BEIJINGBAIMINGCHUZHONGXIAOZHANGJIAOYUFENGCAI
神态
风采
校长

常恩元

北京市通州区马驹桥学校

在常恩元校长的带领下，北京市通州区马驹桥学校全体教职员工始终秉承“一切为了学生发展、一切为了祖国富强”的办学宗旨，以“办优质教育——让每一名师生得到充分和谐发展”的办学理念为指导，统领学校各项工作开展。

学校日常工作中注重培育“自主发展、不断超越、做最好自己”的校园文化，引领师生自主发展，实现推动学校发展的强大精神动力。学校在管理创新、队伍建设、教育教学改革、课程建设、体育、卫生、艺术、科技等方面取得了突出成绩，尤其是“师友互助、合作学习”以及“马&桥”教育特色鲜明。

学校办学质量始终保持高水平，是社会公认的百姓身边的好学校。2016年中考，学生考入示范高中的升学率高达63%，办学成绩位居通州区全区农村校前列。

风采
校长
神态
北京百名初中校长教育风采
BEIJINGBAIMINGCHUZHONGXIAOZHANGJIAOYUFENGCAI

陈国秀

北京市石景山区石景山学校

2016年1月，北京市石景山中学、石景山小学进行了深度整合，成为一校三址的九年一贯制学校——北京市石景山区石景山学校。

在陈国秀校长的带领下，学校坚持“善思雅行，日新月异”的办学理念，将“目标管理与全面质量管理和9S管理”有机结合，构建安全型、温馨型、幸福型、善思型、雅行型和数字型校园。学校在课程建设方面以学生发展核心素养为灵魂，通过国家课程校本化、地域资源课程化、特色课程精品化，构建了基础课程、综合课程和特色课程。

学校以科技教育为突破口，以课堂教学、校本课程建设和科技活动为主渠道，开展丰富多彩的科技教育活动，培养学生的创新精神和实践能力，形成了科技教育的办学特色，被授予“北京市科技教育示范校”、“石景山区中小学科技教育基地”称号。

北京百名初中校长教育风采
BEIJINGBAIMINGCHUZHONGXIAOZHANGJIAOYUFENGCAI
神态
校长风采

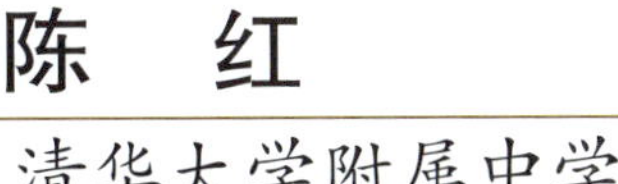

陈　红

清华大学附属中学丰台学校

在陈红执行校长的带领下，清华大学附属中学丰台学校全体教职员工坚持在九年一贯制各学段渗透和细化“求真立美，自强厚德”的教育主旨。

学校坚持秉承清华附中校训“自强不息，厚德载物”，践行“行胜于言”的校风，坚持“明德启智，修己树人”的教风；建设“带着问题学进去，带着感悟学出来”的学风。学校以培养学生的“四大良好习惯”为抓手，在不同学段践行培养良好品德行为习惯、良好的学习习惯、良好的运动习惯、良好的生活习惯，从低学段的习惯培养升华至高学段的素养修成。

传统文化和阶梯式阅读、普及跳绳运动、戏曲“高参小”戏曲课程、科技创新活动等成为学校特色。定向越野、花样跳绳、机器人、电子、航模等项目，2014-2016 学年度超过 200 人次荣获国家级、市级、区级各类竞赛一、二、三等奖。

神态
校长风采
北京百名初中校长教育风采
BEIJINGBAIMINGCHUZHONGXIAOZHANGJIAOYUFENGCAI

陈　勇

北京市通州区次渠中学

陈勇校长认为，作为一名教育管理者，必须要有强烈的奉献和进取精神。坚持抓好教师的教育理论学习，端正教育思想；坚持创造条件，抓教师岗位成才的训练；坚持抓课堂教学改革，提高教学质量；讲团队精神，讲奉献精神，身先立德，以人为本。

在学校工作中，陈校长积极深化“焕发生命活力，师生共同发展，为每个人的幸福人生奠基”的办学理念。积极推广课堂实践改革，推进“自学、自教、自练、精讲”的教育、教学模式研发，把精神生命发展的主动权还给学生，为每一名教师提供发展的平台。把班级还给学生，让班级充满成长气息；把创造还给教师，让教育充满智慧挑战。彰显校园文化“发展”的蓬勃生机。

他始终坚信“一份耕耘一份收获”，努力完成“桃李芳九州”之教育信念，为“弘扬运河文化，建设美好通州”贡献终生。

北京百名初中校长教育风采
BEIJINGBAIMINGCHUZHONGXIAOZHANGJIAOYUFENGCAI
神态
风采
校长

程　颐

北京市延庆区第八中学

从事教育工作28年以来，程颐曾担任过数学教师、班主任、年级组长、教学主任、教学副校长，2011年开始任北京市延庆区第八中学校长。

延庆八中在“坚持以人为本，强调多元自主发展，全面探索和建设和谐学校，办山区人民满意的优质教育”这一办学理念的引领下，创设和谐的育人环境，转变教与学的方式，提高教育质量，提升办学活力，开设“走班式”校本课程，推进体艺工作等，更加凸显八中的教育特色。

在程颐校长的带领下，学校中考成绩连年屡创佳绩，连续六年获得区教委表彰，实现了“山区生源，城区质量”的办学效益。“尊重、合作、博学、健体”贯穿于学校工作之中，学生课余生活丰富，在各级各类的比赛榜上有名。延庆八中正以全新的姿态崭露头角，学校已形成“学生行为习惯良好、班级秩序井然、师生和谐相处”的良好局面。

风采
校长
神态
北京百名初中校长教育风采
BEIJINGBAIMINGCHUZHONGXIAOZHANGJIAOYUFENGCAI

褚春梅

北京市昌平区亭自庄学校

见到褚春梅校长的人往往被她阳光灿烂的笑容感染，她说她爱笑是因为她生活在北京市昌平区亭自庄学校这个幸福校园里。

在褚春梅校长的带领下，学校秉持“实施幸福教育，奠基人生幸福”的理念，坚持“培养具有正确幸福观，突出幸福优势的幸福人”，形成了学校的“幸福文化”。为了学生能适应高中学习，学校整合三级课程，形成了对接高中课程八大领域的“幸福课程”，为学生开设了近 40 门全员必修的基础类课程，70 多门全员选修的拓展类课程，以及 20 余门持续培养的育英类课程，让师生在幸福校园过一种幸福完整的教育生活。

这所普通农村学校已连续七年荣获昌平区教育教学质量监控与评价优秀学校，80% 以上的学生能达到普通高中录取分数线，50% 以上的学生能升入优质高中继续学习。

神态
校长风采
北京百名初中校长教育风采
BEIJINGBAIMINGCHUZHONGXIAOZHANGJIAOYUFENGCAI

崔　峰

北京一零一中学怀柔分校

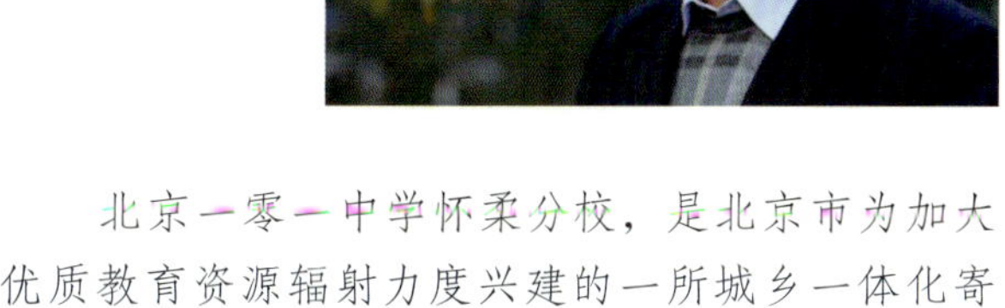

北京一零一中学怀柔分校，是北京市为加大优质教育资源辐射力度兴建的一所城乡一体化寄宿制中学。

在崔峰校长的带领下，学校坚持实行“一个法人、一体化管理”的管理体制，秉承北京一零一中学“促进学生全面发展，为学生一生幸福奠基”的办学理念，以优质特色为目标，构建了阅读、时政、欣赏、运动、社团等学校特色课程体系。

办学两年来，学校教育教学成绩突出，在参加全国、市、区各项比赛中屡获佳绩：校啦啦操、健美操队 2016 年 5 月荣获北京体育传统项目学校比赛综合一等奖；校皮影社团代表队在 2016 年 10 月全国首届少儿皮影传习成果展演活动中荣获银奖，学校被命名为“中国皮影艺术传承示范校”；校朗诵代表队 2016 年 10 月荣获“第三届全国中学生朗诵大会一等奖”。

崔小青

北京市昌平区天通苑学校

在崔小青校长的带领下，北京市昌平区天通苑学校全体教职员工坚持秉承“内强素质，外树形象，依法治校，人性管理，融入社区，和谐发展”的办学理念，师生共同向北京市先进水平的优质品牌学校目标努力奋进。

学校开设“30+X+Y”课堂教学模式，将国家课程、地方课程、校本课程合理有效的整合。在完成校园文化硬件建设的同时，还开展了丰富多彩的艺术大课堂活动，如民乐、合唱、舞蹈、啦啦操、戏剧表演等各类艺术社团活动成为学生学习生活中一抹亮丽的色彩。

天通苑学校自成立以来教育教学成绩一直名列前茅，曾多次荣获昌平区“小学质量监控与评价优秀学校”和“中考优秀学校”等荣誉称号；学生在各级各类比赛中获得团体项目 125 个奖项。

校长风采
神态
北京百名初中校长教育风采
BEIJINGBAIMINGCHUZHONGXIAOZHANGJIAOYUFENGCAI

戴文胜

北方交通大学附属中学

2015年，北方交通大学附属中学成为拥有北校区、南校区、东校区、第一分校、第二分校和密云分校“一校六址”的教育集团。

在戴文胜校长的带领下，学校秉持“学生在成长中体验快乐，教师在成功中体验幸福”的办学理念，以“建一所幸福学校”为共同追求的目标。学校致力于打造幸福四大载体：通过幸福课堂建设，实现有趣、有参与、有成就的师生生命互动；通过幸福课程建设，促进学生多元化、个性化发展；通过幸福班级建设，营造自主、特色的班级文化氛围；通过幸福环境建设，创建温馨、优美、融洽的育人环境。

学校连续多年位列北京市各学校教育增值发展能力的首位，不仅中高考成绩不断攀升，更增强了学生创新意识和实践精神。学校先后获得全国棒球、垒球、田径单项冠军；金帆合唱团和金帆书画院每年为国家培养了大批艺术人才。

神态
风采校长

丁永明

北京市通州区第六中学

在丁永明校长的带领下，学校全体教职员工坚持以“以人为本,和谐发展;关注差异,追求卓越;面向全体，至诚至正”为办学宗旨，建立了完整的课程体系和德育整体构建体系，教学成绩突出，德育效果显著。

中考成绩连续多年位居通州区前列，80% 毕业生升入市级示范高中校，98% 以上毕业生达到公立普高录取分数线，多年连续荣获“通州区初三毕业班优秀校”、“通州区非中考学科优秀校”称号。

学校先后被评为“北京市基础教育课程改革优秀校”、“北京市文明校园”、“北京市教科研先进校”、“北京市艺术教育示范校”、“北京市科技教育示范校”、“北京市体育运动传统校”、“北京市节约型学校”、“通州区师德群体建设先进单位”等荣誉称号。

神态
北京百名初中校长教育风采
BEIJINGBAIMINGCHUZHONGXIAOZHANGJIAOYUFENGCAI
校长风采

杜云朋

北京市平谷区第五中学

杜云朋校长在传承中创新，在创新中发展。经过不断摸索与探究，北京市平谷区第五中学逐渐形成了“以人为本、以德立校，促进学校全面发展；营造了每位教师发展的氛围；追求每个学生的学业成功”的办学理念。他确立了新的办学目标：把学校建成环境优、师资强、质量高、有特色的名校。

学校坚持走内涵发展之路，通过构建“幸福教育理论”体系，优化幸福教育环境；实施“文学素养培育”工程，提升师生文学素养；创建书香育人环境，推进校园文化建设；探究特色课程体系，深化课堂教学改革；用特色推动内涵发展，让文化润泽幸福教育。

近年来，平谷五中呈现出学生全面健康发展、教师专业素养提升、学校稳步持续发展的局面。学校连续多年被评为“平谷区教育先进集体”，中、高考成绩连年丰收。

神态
校长风采
北京百名初中校长教育风采
BEIJINGBAIMINGCHUZHONGXIAOZHANGJIAOYUFENGCAI

方　元

北京市燕山前进中学

学校办学三十余年来坚持秉承“办阳光学校，让生命幸福”的办学理念，让阳光、美丽、生命、幸福融进教育的全过程，让前进中学的朵朵生命之花绚丽绽放！

在方元校长的带领下，北京市燕山前进中学建设了一支师德良好、爱岗敬业、勇于开拓、锐意进取的教师队伍。多年来，在努力打造燕山精品教育的过程中，学校中考成绩一直在燕山地区名列前茅。学校积极构建以人文精神为引领的阳光校园文化，52项选修课初步形成了颇具特色的课程文化。

近5年来，学校先后获得“市级校园环境示范校”、“文明礼仪示范校”、“依法治校示范校”、“初中建设工程先进校”等10余项荣誉称号。成绩斐然的教学质量，令人鼓舞的办学业绩，使前进中学成为燕山地区教师自豪、学生幸福、家长满意、社会认可的好学校。

神态
风采
校长
北京百名初中校长教育风采
BEIJINGBAIMINGCHUZHONGXIAOZHANGJIAOYUFENGCAI

冯 云

北京市第二十七中学

在冯云校长的带领下，北京市第二十七中学坚持以“全面发展,成就全人”为办学理念,以“高雅，明德，慎思，力行”为校训。学校注重美育和实践，发展学生个性和特长，帮助学生在实践中培养责任心、树立身心和谐全面发展的观念。

学校拥有一支爱岗敬业、师德高尚、业务精湛、团结奋进的教师队伍，一大批市区骨干教师和学科带头人，精良的师资力量为学生的全面发展打下坚实的基础。

学校开设了模拟飞行、机器人等特色校本课程。学校金帆民乐团、戏剧社团“是之社”、舞蹈团和合唱团在市区享有盛誉。学校被评为“国家首批绿色学校”、“全国航空特色学校”、“北京市法制教育示范校”、“北京市金帆民乐团和排球传统项目学校”、“北京市初中建设工程先进学校”、“海军招飞优质生源基地”等称号。

爱 祖
一 上
北京百名初中校长教育风采
BEIJINGBAIMINGCHUZHONGXIAOZHANGJIAOYUFENGCAI
神态
校长风采

冯振开

北京市密云区第六中学

北京市密云区第六中学的前身是密云师范学校，为密云培养了大批优秀的教师，现更名为密云区第六中学，为区内规模最大的初中校。

在冯振开校长的带领下，全校干部教师传承密云师范的优秀传统，创建“成功教育”文化特色，秉承“为学生成功人生奠基”的办学理念，以“明理、博学、健康、高雅，有责任感的合格人才”为培养目标，坚持和谐、向上、勤奋、创新的精神，积极进行教育教学改革，建立健全学校课程体系，努力探索“自主、合作、探究的成功课堂教学模式”，不断提高教育教学质量。

通过不懈努力，密云六中先后获得了“北京市中小学艺术教育特色校”、“文明礼仪教育示范校”、“平安校园示范校”、“密云区素质教育先进单位”、“教学工作先进单位”等称号，社会影响力日益增强。

校长
风采
神态
北京百名初中校长教育风采
BEIJINGBAIMINGCHUZHONGXIAOZHANGJIAOYUFENGCAI

高光斌

北京市密云区第五中学

北京市密云区第五中学于1994年建校，二十多年的办学历程形成了“团结协作、默默奉献”的优良传统。

在高光斌校长的带领下，学校干部教师坚持秉承“以人为本，关注发展”的办学理念，坚持“给学生健康发展的教育”的办学思想。学校确立了“品德素养优先发展，学科知识全面发展，个性特长多元发展，人生规划持续发展”的育人目标。学校构建“五·育”课程，引领学校发展，形成了“和谐共进”师友互助课堂教学模式；开展“科技进校园”，举办艺术节等丰富的活动，获得“北京市体育传统项目校”称号。

近年来，学校教育教学质量逐年提高。学校先后被评为“北京市基础教育课程教材改革先进单位”、“密云区教学质量优秀单位”等，密云五中正阔步走在健康发展的大路上。

神态
校长风采
北京百名初中校长教育风采
BEIJINGBAIMINGCHUZHONGXIAOZHANGJIAOYUFENGCAI

高俊英

北京市第九十七中学

高俊英校长认为，学校教育的重要功能在于培养一个合格学生、高尚的人。在她的带领下，学校全体教职员工坚持把“办一所百姓身边的优质初中校”作为办学目标，“全民皆乒”的乒乓球特色引领学校全面发展，让学校彰显办学活力。

学校围绕“重精细管理、塑优秀教师、育合格人才、办美优学校”的办学总目标，创新实施“美优教育”，着力打造“环境美、质量优、有特色、很幸福”的特色学校。

“美优教育”是学校文化建设的核心策略，通过为学生提供优质的教育服务，促进学生全面而有个性的发展。“美优教育”也是一种实践行为，旨在让校园呈现“美优文化浸润师生美优”的氛围，形成“美优教育”的校本文化系统，实现文化浸润、课程供给、师生成长的学校教育生态环境。

Columbia
神态
校长风采
北京百名初中校长教育风采
BEIJINGBAIMINGCHUZHONGXIAOZHANGJIAOYUFENGCAI

高宇军

北京市第二十二中学

在高宇军校长的带领下，北京市第二十二中学全体师生坚持秉承“谋师生根本发展，求学校至臻育人”的办学理念和“共性中求个性，让每一位学生全面发展”的育人目标。

学校一贯重视学生的全面发展和学有特色。历年来，中、高考成绩居市区先进行列。在市区各学科竞赛中，学生成绩优异。学校获得“北京市传统项目（篮球）学校”、“北京市艺术教育示范校”、“北京市金帆管弦乐团”、“北京市中小学科技活动示范校”等荣誉称号。

改革创新已成为学校的教学发展动力，从最初孙维刚老师的“结构教学法”到现在实施近三年的“翻转教学”的教学方式，学校教学发展融入了创意和创新，引领和激发了学校师生勇于创新、敢于实践的教学精神。学校跻身于北京市东城区优质资源校行列中，这是二十二中学90余年校史上崭新的一页。

神态
北京百名初中校长教育风采
BEIJINGBAIMINGCHUZHONGXIAOZHANGJIAOYUFENGCAI
校长风采

韩义昆

北京市门头沟区军庄中学

学校办学60年的历史孕育出了“追求卓越、自强不息”的军中精神和全体教职员工“五个特别”的优秀品质（特别朴实、热情、认真、负责、坚强）。

在韩义昆校长的带领下，北京市门头沟区军庄中学本着对山区孩子浓厚的情感和对山区教育深厚的情怀，秉承“聚阳光之气，育阳光人才”的办学理念，以“办温暖的、公平的、有质量的山区教育”为愿景，遵循“绿色、开放、优质”的发展理念，立德树人、守正出新、守优扬长，深化教育综合改革，创建了“3+6”班级文化建设模式、“三导三动”教学模式和“六大类”校本课程。

近几年来，学校办学质量不断攀升，一批批学生圆了求学之梦，曲棍球队走出了市区，衍纸艺术作品走出了国门，威风锣鼓课程彰显出了军庄人的阳光和自信，一所“精致型”的学校展现在地区百姓面前。

神态
风采
北京百名初中校长教育风采
BEIJINGBAIMINGCHUZHONGXIAOZHANGJIAOYUFENGCAI

韩玉彬

北京市燕山东风中学

北京市燕山东风中学，三十余年来始终坚持美术特色办学，取得了丰硕的师生荣誉、形成了学校审美教育文化底蕴。

在韩玉彬校长的带领下，学校坚持“尊重生命，以美育人”办学理念，将审美教育理论与育人实践相结合，积极探究关注生命质量的“五美教育”初中育人模式，旨在通过德、智、体、美四大系列课程，施行“美德、美智、美体、美行、美境”教育，培养具有“诚信向善德行美、书香浸润内涵美、活力奔放健康美、举止端庄行为美”的优秀少年，奠基美丽人生。

如今，学校德育课程的实施达到了“以美正德”的教育目标，智育课程建设达到了“以美促学”的课程目标，体育课程实现了“以美健体”的课程目标，美育课程达到了“以美修身”的课程目标，学校环境建设达到了“以美浸濡”的设计目标。

神态
风采校长
北京百名初中校长教育风采
BEIJINGBAIMINGCHUZHONGXIAOZHANGJIAOYUFENGCAI

郝玉伟

北京教育学院附属丰台实验学校

北京教育学院附属丰台实验学校是北京教育学院和丰台区教委联合创办的一所新型的公立九年一贯制学校。按照区教委部署，到 2019 年学校将发展成为幼儿园到高中四个阶段，至少 5 个校区的教育集团。

在郝玉伟校长的带领下，学校坚持秉承“一个学校 一个时代”的办学目标，以“回归教育本真 做纯净的教育”为学校核心价值观。学校的管理模式为“理事会领导下的校长负责制”。学校依托北京教育学院的专家团队“学术指导委员会”，以教育科研为引领，以“三元全息课程”开发带发展，以教师培训促落实，积极探讨特色办学，取得长足的发展。

短短三年来，学校被评为“丰台区全面实施素质教育优质校”、“丰台区卢沟桥教育集群牵头校”、“丰台区合作办学联盟主席校”、“北京市最具幸福感领军中学”等荣誉称号。

神态
校长风采
北京百名初中校长教育风采
BEIJINGBAIMINGCHUZHONGXIAOZHANGJIAOYUFENGCAI

何广林

北京市顺义区第八中学

在何广林校长的带领下，北京市顺义区第八中学坚持秉承“奠基人文,发展特长”的办学思想，以“育感激之情,养儒雅之气”为育人宗旨,以“使学生成为适合时代发展的小公民”为培养目标。

学校在管理上科学规范，教育、教学与时俱进，深受当地群众良好赞誉。在发展学生个性、展示自身才能方面，学校搭建了积极的平台，近几年先后成功举办了艺术节、体育节、民族风采展示节等活动，为丰富学生的初中生活营造了良好的环境。体育课程“走班制”试点项目开展取得了良好的成果和经验，在引进社会资源入校教学方面得到了有效尝试。

建校以来，学校教学成绩连年排在顺义初中校前列，并曾获“首都绿化美化花园式单位”、“北京市普通中学规范化建设达标校”等称号。学校也先后与德国、美国等国家的学校进行交流与合作，正朝着国际化的方向发展。

神态
校长风采
北京百名初中校长教育风采
BEIJINGBAIMINGCHUZHONGXIAOZHANGJIAOYUFENGCAI

何英茹

北京教育科学研究院附属石景山实验学校

北京教育科学研究院附属石景山实验学校于2015年9月正式挂牌成立，是北京教育科学研究院与石景山区教委合作设立的一所九年一贯制学校。

在何英茹校长的带领下，全体教职员工坚持以“为学生的可持续成长奠基”的办学理念，创设学校育人环境，努力探索可持续发展教育特色课程。经过一年多来师生共同努力，九年一贯制学校的雏形基本形成；教科院“学校加速计划(S-A-P)”开始助力学校加速发展；可持续发展教育品牌学校工作特色鲜明；学校深入推进“立德树人”工作；积极实施课程融合和课堂改进；通过规范管理，实现师生健康快乐生活学习。

今后，学校将努力朝着人民满意、区域优质、北京市知名和特色鲜明的九年一贯制学校而努力！

神态
风采
校长
北京百名初
教育风采

侯 婧

北京市平谷区第三中学

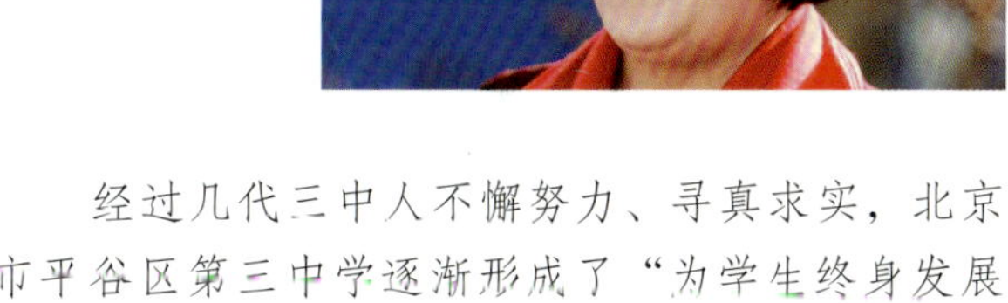

经过几代三中人不懈努力、寻真求实，北京市平谷区第三中学逐渐形成了“为学生终身发展和幸福奠基”的办学理念。

在侯婧校长的带领下，全体教职员工积极践行学校的办学理念。2016年初，学校加入平谷中学教育集团，紧紧围绕立德树人和社会主义核心价值观，结合学校的实际情况，创设积极向上的“一校、二训、三步、四景、五楼”的校园文化体系，创设良好的育人环境，提升学校办学品质；实行扁平化管理，即“三部九中心”管理模式，极大地提高了管理效率，保证了学校的教育教学秩序，提升了教育教学质量，促进了学生全面健康的发展。

学校先后荣获北京市“书香校园”、“体育传统校”、“科技示范校”、“艺术教育特色校”、“北京市首批中小学文明校园”、“平谷区足球特色校”等荣誉称号。

神态
风采
校长
北京百名初中校长教育风采
BEIJINGBAIMINGCHUZHONGXIAOZHANGJIAOYUFENGCAI

胡振坤

北京市延庆区第四中学

近年来，在胡振坤校长的带领下，北京市延庆区第四中学确立了“积学储宝，追求卓越”的核心办学理念。学校坚持“均衡、公平、优质、特色”的发展观念，以课堂教学为主渠道，促成全体学生全面而富有个性地发展，构建全面而丰富的优质初中教育。

学校不断提升内涵发展，积极打造“三育”特色，即科技教育、艺术教育、体育教育，先后开发了科技、艺术、体育3大类29门必修和选修校本课程，促进学生全面发展。学校推进“成长课堂—小组合作与学案导学相结合的课堂教学模式”研究，并制定了相关评价制度等。

学校在理念传承中，干群同德，师生同心，学校科学发展，和谐发展，目前已成为延庆地区具有示范引领作用的初中龙头学校。正如胡振坤校长所说：“只要抱定美好的教育理想，坚持执著的实干精神，我们必定能办出人民满意的学校。”

校长风采
神态
北京百名初中校长教育风采
BEIJINGBAIMINGCHUZHONGXIAOZHANGJIAOYUFENGCAI

贾长林

北京市第十一中学分校

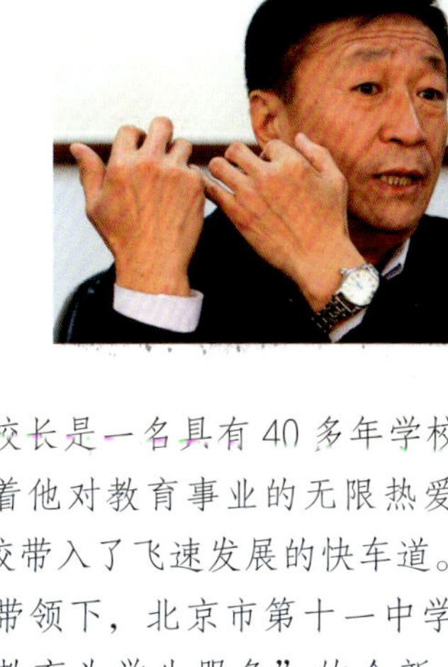

贾长林校长是一名具有40多年学校工作经验的校长，靠着他对教育事业的无限热爱，把一所普通的初中校带入了飞速发展的快车道。

在他的带领下，北京市第十一中学分校提出了“办精致教育为学生服务”的全新办学理念，本着“服务学生多元发展”的办学价值观，努力促进学生“学会学习快乐成长”，力争实现“建设精品学校”的办学目标。学校秉承住宿管理封闭不“封建”的原则，开设了茶艺、模型、动漫、书法等课程，形成了学校办学特色之一，即“第八节课”。

全体教师勤于奉献，精于思考，善于研究。在管理中，体现“严、细、实”的管理风格，秉承“不让一个学生掉队，不放弃一个学生”、“特殊的爱给特殊的你”的理念。学校2015年被大众媒体及教育行政部门评为“最具加工能力的领军学校”。

神态
风采
校长
北京百名初中校长教育风采
BEIJINGBAIMINGCHUZHONGXIAOZHANGJIAOYUFENGCAI

蒋吉姝

北京市顺义区仁和中学

新课程改革的浪潮中，蒋吉姝校长带领北京市顺义区仁和中学全体师生迎接挑战，勇于创新。

学校初步形成了“着眼未来，夯实基础，发展特长”的办学思想，树立了“让今天的教育适应未来的发展”的办学目标。学校努力开足、开齐、开好国家课程，全面实施富有区域特色的地方课程，并大力开掘适应学生发展的校本课程。学校实施分层走班教学，开发多门类的综合实践课程，尊重学生个性发展，创造条件，努力让教室成为学生最喜欢的地方，让课堂教学成为学生最喜欢的活动。

优良的师资和办学条件带来教学质量的稳步提升。2013、2014、2015、2016 连续四年中考在全区遥遥领先，示范高中上线率高达 85%。同时，学校获得了“北京市课程建设先进单位”“2015 京城教改创新领军中学”“顺义区教育教学管理先进单位”“书香校园”等荣誉称号。

神态
风采
校长
北京百名初中校长教育风采
BEIJINGBAIMINGCHUZHONGXIAOZHANGJIAOYUFENCAI

蒋立红

北京师范大学朝阳附属中学

蒋立红校长2009年从高校来到基础教育领域，筹备创建了北京师范大学朝阳附属中学。

学校成立7年多来，始终秉承北京师范大学百年文化传统，坚持"民主治校、科研兴校"的办学方针，坚持"让生命绽放"的育人理念，促进师生全面而有个性地发展。

学校尊重教师和学生的个性，为师生创设和提供可以选择的学习资源、活动平台以及实践平台，力求让每一个生命绽放光彩。学校已逐渐显现出"尊重学生个性，倡导人文教育，关注心灵成长，突出实践育人"的办学特色，形成了师生和谐，团结友爱，积极进取的精神风貌和文化特质。

学校在教师队伍建设、"绽放课程"建设、"悦·跃课堂"建设、学习者分析与心理提升工程、书香校园建设、体育文化建设等方面取得优异成绩。先后获得"全国体育工作示范学校"、"北京市中小学学校文化建设示范学校"、"北京市首批文明校园"、"北京市课程建设先进单位"等荣誉称号，并成为北京市基础教育的优质资源学校。

神态
风采
校长
北京百名初中校长教育风
BEIJINGBAIMINGCHUZHONGXIAOZHANGJIAOYUFENGCAI

靳京武

北京市房山区张坊中学

北京市房山区张坊中学已有四十多年的历史，学校在继承的基础上确立了“孝亲文化”，其核心思想是尽孝有心，行孝有能，报国有志。学校的办学理念是以“爱”为源，以“孝”为魂，教学和谐，师生共长。

在靳京武校长的带领下，学校积极为学生的成长搭建平台。开学典礼、校运动会，两次请奥运冠军进校园，学生在近距离的接触中获得了激励和鼓舞；组织学生到国家大剧院，回顾经典；开展文艺展演活动，用长征精神践行社会主义核心价值观。

学校致力于办特色、创品牌，校男子足球队两次荣获区足球联赛亚军；学校与台湾多次进行文化交流，获“北京市青少年涉台教育基地校”称号。学校课程建设取得成效，“小组合作式学习方式”得到推广，《张中孝亲行》等课程深受学生喜爱。教师们励志进取，正努力打造一所家乡百姓认可的初中校！

神态
北京百名初中校长教育风采
BEIJINGBAIMINGCHUZHONGXIAOZHANGJIAOYUFENGCAI
校长风采

兰永平

北京市昌平区第四中学

兰永平校长儒雅博学、善思敏行，根据学校三十年发展的深厚积淀，提出了“精彩教育、奠基一生”的办学目标。

在他的带领下，北京市昌平区第四中学全体教职员工开拓创新、不断进取，围绕“精彩课堂”开展课堂教学改革，让学生享受“好品行、优品质、高品位”的每一堂课；围绕“精彩课程”开展课程建设改革，坚持“做强基础性课程、做实拓展性课程、做优特色课程”，学校开设了5大类34门选修课，每个孩子都乐享其中。每年70%以上学生进入优质高中，近1000人次学生在各级各类比赛中获奖。

学校先后获得“北京市中小学科技教育示范学校”、“北京市中小学德育工作先进集体”、“首都未成年人思想道德建设先进单位”、“中国青少年素质教育研究实践基地”、“中国传统文化教育研究实验学校”等荣誉称号。

依文
EVE GROUP
依服宝
EFUBAO
EVE SCHOOL UNIFORM
EVE
400-180-6688
www.efubao.com

关于依服宝

我们是
服装定制的一站式服务平台

依服宝是专注于为企业及团体提供服装定制、采购的平台型电商，目前已为全国人大会议中心、京东、美团、百度糯米、猪八戒网、滴滴、马云基金会、华尔道夫、黑马会、中欧商学院、混沌商学院等1000多家企业及团体打造了企业专属服装设计及批量服装定制。

依服宝成立于2016年4月，由知名时尚企业依文集团和中国领先的众包服务平台猪八戒网联合投资，致力为交易双方提供高品质服务。依服宝在帮助服装供应商降低供应链风险、增加订单量的同时，进一步为客户的服装定制及采购提供更加优质和高性价比的一站式解决方案。

围绕商务上班、团建拓展、各类会议、运动健身、餐饮服务、零售物流、教育培训、生产工程八大场景，依服宝进行了深入探索，实现覆盖95%以上企业及团体发生服装定制的触发场景，并打造了「需求－设计－报价－打样－定制－交付」的闭环生态链条，通过专业的服装定制，为企业及团体提升品牌形象。

截至目前，已有超过140家服装供应商入驻依服宝平台，共计服务企业及团体超过1000家。

依文校服

依文EVE校服筹建于2007年。

EVE校服的初衷致力于打造时尚中国校服的第一品牌，时尚的设计、精良的品质定位中高端校服市场，版型引进日韩S型版型，突显学生青春洋溢的气息！

中国校服从上世纪90年代延续至今年，宽宽大大的运动服款式经久不衰，EVE校服的运动系列校服无论从版型上、设计上、功能性上、科技性上更加紧贴当下运动服的流行趋势，深受学生、家长及校方的喜爱。

EVE校服的文化与依文的企业文化一脉相承，更多的把现代的流行设计与中国传统文化相结合，承担文化传承的历史使命，致力于推动中国校服市场的变革。

神态
校长风采
北京百名初中校长教育风采
BEIJINGBAIMINGCHUZHONGXIAOZHANGJIAOYUFENGCAI

李　兵

北京市劲松第一中学

李兵校长基于劲松的区域文化、学区发展困境、学生自信心不足等现实问题，将北京市劲松第一中学特色化办学目标“培养自信发展的劲一人”，细化为培养“有目标、有规矩、有毅力、有特长”的“四有”学生。

为实现这一目标，他主张实行学生自主管理，通过推行小组合作学习模式、建立学生发展中心、创建学生会等强有力的措施，着力培养学生自主管理能力，推动学生自信发展。

在北京市朝阳区学区化改革的大潮中，李兵校长带领劲松一中全体师生开拓创新、奋发进取，荣获“北京市学校卫生防病工作先进集体”“朝阳区德育特色校”“朝阳区中考工作优秀校”“朝阳区中小学科技教育示范校”“朝阳区卫生先进单位”等多项荣誉。劲松一中全体师生将一如既往地锐意进取，力争成为百姓满意的优质学校！

北京百名初中校长教育风采
BEIJINGBAIMINGCHUZHONGXIAOZHANGJIAOYUFENGCAI
神态
风采
校长

李德志

北京市怀柔区第四中学

李德志校长30多年倾心教育事业，深入研究学校办学模式，积极探索教育改革。

在他的带领下，学校全面实施素质教育，坚持“以德立校、以爱育爱、文化引领、创新发展”的办学理念。管理中突出人本理念，人文情怀管理，深化课程、课堂教学改革，优化教学过程，凸显教学实效。同时，注重研究、挖掘办学特色，努力打造教育品牌学校。

学校先后荣获“全国示范‘青少年法律学校’”、“中国教育学会体育与卫生分会‘十二五’规划重点课题实验学校”、“北京市中小学教育教学资源建设与应用先进学校”、“北京市中小学学校文化建设示范校”等荣誉称号。

今后四中人将驾驭着智慧的列车，承载着崭新的希望，自强不息，与时俱进，越向新的彼岸，创造新的辉煌！

神态
校长风采
北京百名初中校长教育风采
BEIJINGBAIMINGCHUZHONGXIAOZHANGJIAOYUFENGCAI

李功修

北京市房山区北路园学校

李功修，北京市房山区北潞园学校校长，坚持以弘扬传统文化、培育具有民族根基、国际视野的学生为己任，带领学校不断开拓创新，以文化为引领，系统规划学校内涵发展格局。重视文化传承与发展，坚守着“让每个孩子都成功，让每个生命都精彩”育人理念，努力建构“仁为本，融致远”学校文化价值体系。

学校管理坚持“以仁达和，以融致远”，整合校内外丰厚资源，创新开展丰富文化育人实践，构建“仁·融”课程体系，深入打造自主探究型课堂模式，完善“一层一洲 一班一国”的环境文化，让学生在增加民族自信的同时，更加地了解认识世界，增进国际理解与交流，最终实现教育高品质发展之理想。

学校育人质量显著提升，先后获得“北京市第一批学校文化示范校”、“北京市绿色学校”、“北京市教科研先进校”、“体育传统校”等称号，连续10 年获“房山区全面实施素质教育一等奖”，多次被评为“房山区人民满意标兵学校”等荣誉。

北京百名初中校长教育风采
BEIJINGBAIMINGCHUZHONGXIAOZHANGJIAOYUFENGCAI
神态
风采
校长

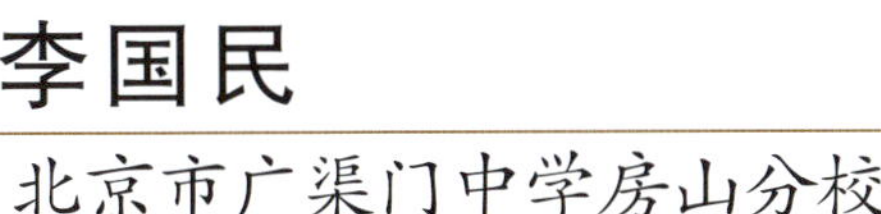

李国民

北京市广渠门中学房山分校

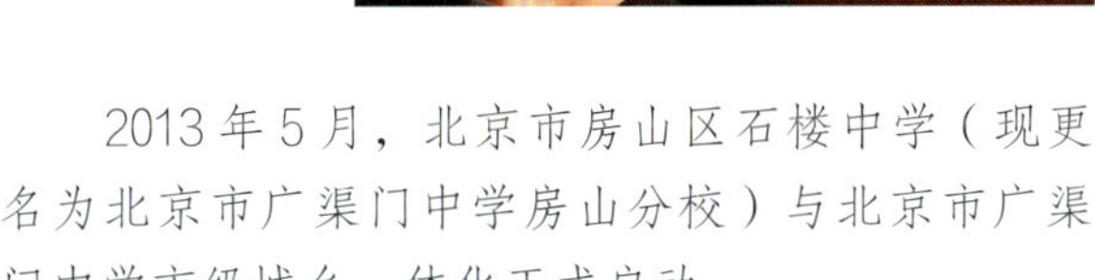

2013 年 5 月，北京市房山区石楼中学（现更名为北京市广渠门中学房山分校）与北京市广渠门中学市级城乡一体化正式启动。

经过三年的合作办学，在李国民校长引领下，学校形成了明确的办学思路：依托总校教育资源，借鉴先进办学理念，聚焦学校内涵发展，注重行为省思改进。学校坚定了“用生命影响生命 用尊重赢得尊重 让每个生命都精彩”的办学理念，形成了有本校特点的“三全四化五过程”德育工作思路和条理清晰的“12344”教学管理工作思路。学校坚持德育为先，立德树人，贯彻落实深综改；形成了网络下的“学案导学，双主互动”高效课堂模式。

2016 年 3 月石楼学区成立，石楼中学再次与广渠门中学教育集团签订六年的合作协议，在广中集团和李国民校长的带领下，石楼中学再次扬帆起航。

神态
北京
名初中校长教育风采
BEIJINGB
INGCHUZHONGXIAOZHANGJIAOYUFENGCAI
校长风采

李　宏

北京市丰台区第八中学

先后担任3年副校长、7年校长，“一心一意为学生、教师和学校发展服务好”是北京市丰台区第八中学校长李宏的工作价值准则。她坚持“把发现和挖掘师生的优势潜能，搭建多元平台促进师生成长”作为推动学校持续优质发展的生命线。

自李宏校长来到丰台第八中学以来，带领师生秉承以“培养知行合一的至真少年”为育人目标，践行“至真教育”课程，努力追求“让每个孩子实现真成长”。近年来，学校将“创客教育”纳入学校科技创新教育的体系，对学生进行整体科技创新培养，并不断探究学校至真文化与科技特色相结合，实现学校向现代优质、科技优质的跨越。

丰台八中是一校三址的教育集团办学格局，深受身边老百姓的认可，学校曾获“丰台区全面实施素质教育优质校”、“丰台区科技教育示范校”、“北京市第三批学校文化建设示范校”。

风采校长
神态
北京百名初中校长教育风采
BEIJINGBAIMINGCHUZHONGXIAOZHANGJIAOYUFENGCAI

李华民

华北电力大学附属中学

李华民校长自任职学校校长以来，立足师生身心健康和地区百姓需求，整合可利用优质资源，拓宽学校发展渠道，带领华北电力大学附属中学（原回龙观中学）的全体教职员工，继续坚持“整合社区资源、促进共同发展”的办学思路，以“弘扬民族精神、宣扬中华美德、立足身心健康、彰显学生个性”为主线，完善和丰富了原有的人文、科技、艺术、健康、道德五大类校本课程，确保常年开设近40门供学生选学。丰富的课程与活动促使学校以“多元课程、生态课堂、合作成长”为特点的“开放式教育”，凸显出前所未有的发展动力。

学校因办学成绩突出，曾荣获“北京市百所身边的好学校”、“北京市艺术特色先进学校”、“北京市课程建设先进学校”、“北京市文化建设先进学校”等300余项集体荣誉。

神态
北京百名初中校长教育风采
BEIJINGBAIMINGCHUZHONGXIAOZHANGJIAOYUFENGCAI
风采
校长

李　磊

北京师范大学附属中学平谷第一分校

北京师范大学附属中学平谷第一分校于2013年9月建成并开学。学校秉承北京师大附中“全人格，高素质”的育人目标，在注重培养学生健全人格的同时，通过艺术、体育、科技教育为学生个性化发展搭建平台。

学校重视对教师的培养，“以学生为中心的课堂教学（SCL）”及“思维训练提升师生学习力”等学校自主培训项目成效显著，在平谷区乃至北京市产生了一定影响。

建校4年，学校体育、艺术、科技教育成绩突出，教育科研工作走在平谷区前列，学校文化建设取得阶段性成果，学生综合素质显著提升。学校获评国家级校园足球特色学校、北京市中小学科技教育示范学校、北京市中小学艺术教育特色学校、北京市体育传统项目学校、北京市基础教育科研先进学校、北京市中小学教师校本培训示范学校、北京市中小学学校文化建设示范校、北京市基础教育学生综合素质评价工作先进单位、北京市文明校园等荣誉称号30余项。

北京百名初中校长教育风采
BEIJINGBAIMINGCHUZHONGXIAOZHANGJIAOYUFENGCAI

李秋红

北京市房山区昊天学校

在李秋红校长的带领下，北京市房山区昊天学校确立了以“尊明德 尚博学 重雅行”为核心价值观的“昊天教育”文化理念体系。学校坚持“育孩子九年、为孩子一生”的教育思想，全力打造“拥有渊博的知识、高尚的人格魅力，影响学生一生的贤能之师”。

学校敞开校门，房山法院、云居寺石经博物馆、公安消防房山支队良乡中队等成为学校校本课程基地。学校迈出区门，借助名校优质资源，为教师成长搭建“五个平台”，实施“四名工程”。学校走出国门，与美国、英国、意大利、澳大利亚开展微游学；校内增加英语外教，开设西班牙语、俄语等课程。

学校先后获“全国乡村少年宫活动站”、“教育部‘十三五’重点课题《中小学学科教学和综合实践活动整合的研究》实验学校”称号；并连续多年获“中考一等奖”、“综合素质评价一等奖”、“人民满意学校”等荣誉称号。在教育改革的进程中，昊天学校以“尊重生命，具有国际视野的现代学校”为办学目标，砥砺前行！

北京百名初中校长教育风采
BEIJINGBAIMINGCHUZHONGXIAOZHANGJIAOYUFENGCAI
神态
校长风采

李淑新

国家教育行政学院附属实验学校

国家教育行政学院附属实验学校成立于 2015 年，是国家教育行政学院与大兴区教委联合创办的九年一贯制学校。

学校以“让每个生命彰显价值”为办学理念，秉承“日新、至善”的校训，构建了以“生命安全”、“生命成长”、“生命的修炼”为核心的生命教育课程体系，同时还开设了游泳、剪纸、轮滑、舞蹈、机器人、曲阜游学、赴美游学等特色活动课程。为了让生命在课堂上绽放精彩，学校着力加强教学研究，落实“生态课堂”教学理念，聚焦学生在学习习惯、思维品质、人格修养等方面的实际获得。同时，学校充分利用国家教育行政学院、教研协作区等优质教育资源，开展特色教育、教学研究活动，助推教师专业化发展水平的提升。

神态
风采
校长
北京百名初中校长教育风采
BEIJINGBAIMINGCHUZHONGXIAOZHANGJIAOYUFENGCAI

李文平

北京市密云区巨各庄中学

李文平校长是北京市密云区巨各庄中学的领跑人。“唤醒心中的巨人，成就最好的自己”是学校的办学理念，也是教育行动目标。

李校长带领学校本着发现自我、发展自我、成就自我的教育核心价值观，以培育具有GIANT（巨人）品质的现代青少年（Grit 坚毅；Independence 独立；Autonomy 自律；Novelty 求新；Truth 求真）为奋斗目标，精心构建了植根培养目标“三横五纵”的“巨人课程体系”。同时形成了以课程为载体、以素养为导向、以课堂为主阵地、以整合为策略的学校课程实施体系。

学校曾荣获“国家级花园式学校”、“全国义务教育均衡发展达标突出贡献奖”、“科技创新发明二等奖”、“市级戏剧节一等奖”、“密云区艺术节一等奖”、“质量达标先进奖”、“师德先进集体奖”等荣誉称号。

神态
风采
校长
北京百名初中校长教育风采
BEIJINGBAIMINGCHUZHONGXIAOZHANGJIAOYUFENGCAI

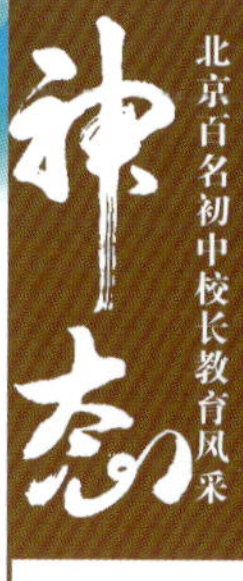

李先平

北京市古城中学

在李先平校长的带领下，北京市古城中学坚持以“学生的全面发展、学有特长”为宗旨，通过“传统文化养化人、实践活动砺炼人、高雅情趣陶冶人、国际视野拓展人”的教育途径，培养未来社会积极而负责的优秀公民。

身为北京科技创新学院的翱翔基地课程校，学校致力于打造特色课程，开发建设了“单节课程”“半日课程”“整日课程”“双休日课程”“假期课程”等。2012 年 9 月，通过北京市教委审批，学校开设了北京市唯一一个以西班牙语作为第一外语的西班牙语实验班。2016 年 7 月，又成为北京市“1+3”培养项目试验学校，成立了以培养“工匠精神”、打造未来“卓越工程师”的实验班。

北京市古城中学借助区域发展新的平台，正在建设精品课程，形成鲜明的特色，成为北京市品牌学校。

北京百名初中校长教育风采
BEIJINGBAIMINGCHUZHONGXIAOZHANGJIAOYUFENGCAI
神态
风采校长

李雪涛

中国石油大学附属中学

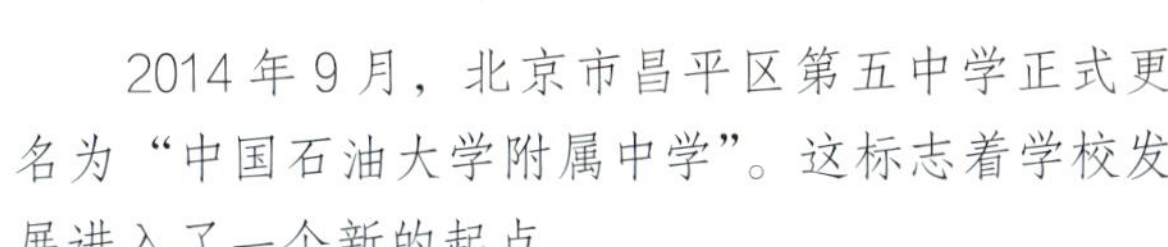

2014年9月，北京市昌平区第五中学正式更名为“中国石油大学附属中学”。这标志着学校发展进入了一个新的起点。

在李雪涛校长的领导下，学校坚持秉承“一切为了学生健康和可持续发展”的办学理念，通过不断的实践、探索，确立了“昌平领先、北京一流、全国知名”办学目标，形成了“厚德 智慧 诚信 雅行”校风和“善学 深思 博采 致用”学风，以及“爱生 敬业 善诱 求真”教风，把“志向远大，人格健全，素质全面，特长明显”作为学生培养目标，创造出了一个又一个辉煌。

学校打造“以学生为主体”的高效课堂，探究“小组合作”的课堂教学模式。育人质量稳步提高，教学质量稳居全区前列，多次获得国家、市区各级各类荣誉，学校校风正、教风好、学风浓，学生综合素质快速提升，获得社会和家长的广泛赞誉。

神态
风采
校长
北京百名初中校长教育风采

李迎红

北京市丰台区看丹中学

北京市丰台区看丹中学是一所有着 46 年历史的老校。2006 年从职普并存转变为纯初中校，并被确定为北京市初中建设工程项目校，理念更新的同时迫切需要探索学校新的发展之路。

李迎红校长正在此时（2008 年）来到看丹中学，她带领领导班子梳理出老一辈教师身上“质朴、奋斗、追求、奉献”的看丹精神，明确了“做阳光师生、育和谐团队”的办学理念指引学校发展。

目前学校构建了“三廊两园一主题”的特色校园文化；建立了教师“活动、发展、心理法律咨询服务”三个中心，和“青蓝”、“名师”、“读书”、“健身”四个工程促教师队伍发展；构建“基础型－拓展型－探索型的三维课程”，开发以经典教育为龙头的校本课程，打造以小组合作为主的“4·20 高效课堂”，建立九级三阶的六星评价体系助力学生成长。

今天学校将以培养“人品端方、学思得法、身心健强”的现代公民为目标，关注师生的需求与发展，不断丰富教育过程、提升教育品质。

北京百名初中校长教育风采
BEIJINGBAIMINGCHUZHONGXIAOZHANGJIAOYUFENGCAI
神态
风采
校长

李志伟

北京市广渠门中学

李志伟同志现任北京市广渠门中学执行校长。她是北京市骨干教师，北京市十佳班主任。多年来，曾多次受邀在国家教育行政学院、北师大、北京教育学院等培训机构做专题培训。

在吴蛙校长和李志伟校长的带领下，学校坚持践行“生命教育”理念，把教师的幸福感受和学生的满意程度放在价值追求的首位。为教师的职业发展搭建讲台、平台和舞台；为学生的健康成长构建家园、乐园，形成和谐的教育生态园。学校强调每一位教师用最好的生命状态做最好的教育，给学生积极的生命影响；强调尊重和接纳学生的差异，为生命成长奠基，为生命发展铺设道路，让每个学生在学校遇到更好的自己。

经过师生的共同努力，广渠门中学的金帆乐团和金鹏科技团在北京市中学中享有很高的知名度；学校在人才培养方面也具有很强的塑造能力，一本率近5年都接近100%。

神态
风采
校长
北京百名初中校长教育风采
BEIJINGBAIMINGCHUZHONGXIAOZHANGJIAOYUFENGCAI

李子臣

北京市密云区不老屯中学

北京市密云区不老屯中学是一所寄宿制农村初级中学。学校四季有绿，三季有花，是一所文化浓郁、精致优美的花园式学校。

在李子臣校长的带领下，学校全体教职员工坚持秉承“从今日做起 为幸福奠基”的办学理念，践行“知行合一 用于超越”的校训，在“省思”文化的引领下，且行且思，且思且行。今日的不老屯中学在中考中有50%的学生进入优质高中学习，区田径运动会获得第三名、综合运动会第一名，科技节艺术节获得优秀组织奖，被评为北京市首批“中小学文明校园”。

今后，相信不老屯中学将会在义务教育均衡发展中逐步走向优质，为农村学生成长提供学校最好的教育服务。

神态
北京百名初中校长教育风采
BEIJINGBAIMINGCHUZHONGXIAOZHANGJIAOYUFENGCAI
校长风采

林　辉

中国传媒大学附属中学

林辉校长教育生涯三十载，正职校长十五年。高中校、完中校、初中校、九年一贯制学校，不同体制的学校都留下了他奋斗的足迹，凭着强烈的事业心和高度的责任感、脚踏实地、锐意进取的精神，谱写一个个学校发展的新篇章。

自任职中国传媒大学附属中学校长以来，林辉校长又开始带领学校的全体师生开启追求生命教育的新局面。

学校教职员工坚持秉承“传承文化，绽放生命”的教育使命，以“陀山鹦鹉，入水濡羽”的情怀，追求生命成长的教育本质，努力办师生幸福的教育，以“服务、致用、快乐、和谐”为学生的培养目标，构建实现目标的课程体系，践行于生命化的课堂，用行动诠释对教育事业的执着和热爱。

神态
校长风采
北京百名初中校长教育风采
BEIJINGBAIMINGCHUZHONGXIAOZHANGJIAOYUFENGCAI

刘凤林

北京市丰台区卢沟桥中学

北京市丰台区卢沟桥中学在近五十年的办学历程中，汲取“一水一桥”所蕴含的教育资源，用于丰富学校的课程文化建设。

永定河自古被称作京畿母亲河，历史传说丰富。卢沟桥历八百年沧桑巨变，独具一格，极富历史和艺术价值；桥梁所承载的和谐沟通功能，提醒并指导着师生之间、家校之间和学校社会之间和谐融通文化关系的构建。挖掘“水·桥”文化精神，与学校办学过程中形成的历史积淀相得益彰，正在丰富这所学校办学文化内涵。

近年来，学校秉承“为学生的终身发展奠基”的办学理念，旨在培养“有理想、懂道理、会学习、有担当、习惯良好的中学生”；学校在以课程建设为核心的学校文化建设和办学实践中都取得了良好业绩。

北京百名初中校长教育风采
BEIJINGBAIMINGCHUZHONGXIAOZHANGJIAOYUFENGCAI
校长风采

刘　军

北京市平谷区山东庄中学

“当校长就要心怀教师职业发展，当校长就要心怀学生健康成长，当校长就要心怀学校的建设品质。”带着这样的胸怀，2011 年刘军走上北京市平谷区山东庄中学校长这个领导岗位。

刘军校长任职后，立志要把学校办成一所全区有品位、有特色、有活力的农村初中校，让教师各个扬眉吐气，让学生各个自信、成才。几年来，他引领干部教师在继承中创新，建立“我们在和谐合作的环境中健康成长”的办学思想，确立学校“和”文化；在探索中发展，积极践行高效课堂改革，大力开展班级文化建设，以“诚信考试、诚信阅卷”为起点深入开展诚信教育，全面落实学生自主管理。

如今山东庄中学诚信教育、自主管理、高效课堂、班级文化建设已成为学校教育的四大品牌，学校的教育品质发生着日新月异的变化。

神态
校长风采
北京百名初中校长教育风采
BEIJINGBAIMINGCHUZHONGXIAOZHANGJIAOYUFENGCAI

刘雪梅

北京市陈经纶中学帝景分校

刘雪梅校长以“精心的态度与品质、精细的过程与方法、精彩的亮点与特色”为工作要求，营造了一个温馨、和谐的校园氛围，打造了一支干部队伍强、教师队伍优的优秀团队。

在她的带领下，北京市陈经纶中学帝景分校坚持秉承“实施精致教育、奠基幸福人生”办学理念，学校以“学校定位的精准、学校管理的精细、队伍建设的精良、课程设计的精巧、教学实践的精琢、育人活动的精心、人际关系的精诚、校园环境的精美”为载体，全面落实精致教育，着力把帝景分校建设成为“启智增能的学园、陶情养性的花园、彰显个性的乐园、幸福快乐的家园”。

教育教学成绩年年攀升不折头，连续五年夺得朝阳区中考第一名，在科体艺领域上多次参加全国、市区级比赛夺得第一名。刘雪梅校长把一所建校不足十年的普通社区学校打造为朝阳区优质名校。

北京百名初中校长教育风采
BEIJINGBAIMINGCHUZHONGXIAOZHANGJIAOYUFENGCAI
神态
风采校长

刘永芬

北京市陈经纶中学分校

“九年一贯制的教育是奠基未来的教育，要为学生一生的发展和适应未来社会奠定坚实的基础。”北京市陈经纶中学分校刘永芬校长基于这样的办学定位，构建了学校的“育人文化”体系。

“育人文化”的核心是“奠基未来”，其内涵是：奠国家之基、奠一生之基、奠未来之基。为此，学校确立了“培养会做人、会学习、会生活的优秀陈分学子”的育人目标，构建了“奠基未来”的育人目标体系，有效实施“奠基未来的育人途径”。

通过增强学生自主发展意识的“三三德育体系”、培养学生核心素养的“奠基未来课程体系”、提升学生综合素质的“五个三工程体系”，使学生全面发展，学校每年不仅有 90% 以上的学生考入市级示范校，还有近千名学生获得各级各类奖项。陈经纶中学分校目前已成为学生喜爱、家长满意、社会赞誉的优质教育资源校。

神态
北京百名初中校长教育风采
BEIJINGBAIMINGCHUZHONGXIAOZHANGJIAOYUFENGCAI
风采
校长

卢国东

北京市怀柔区渤海中学

“因为责任而坚守？因为爱而坚守？因为坚守而爱？因为坚守，才有质量？因为质量，才能坚守？因为质量，才有公平？因为需要，才要坚守？”这是卢国东校长在一次校长论坛发言中的一段话，体现了他对坚守型学校的认知和不懈的追求。

在卢国东校长的带领下，北京市怀柔区渤海中学坚持秉承“博识 敦善 达美”办学理念。长城文化特色鲜明，学校传承非遗项目“沙浴竹马”，2015年12月参加“首都市民系列文化活动群众精品节目展演”。中考前20名平均分由2013年504.1分提升到2016年的539.4分，50%升入市区重点高中，500分以上达到62.1%。

“群山中的孩子需要一所能就近入学、能享受到和城里孩子一样优质的学校，这是‘刚需’，这是‘民生’。农村许多坚守型学校需要坚守，做有质量的坚守，也只有高质量才能坚守得住。”怀柔区渤海中学就是其中之一。

神态
校长风采
北京百名初中校长教育风采
BEIJINGBAIMINGCHUZHONGXIAOZHANGJIAOYUFENGCAI

罗金鹏

北京市门头沟区新桥路中学

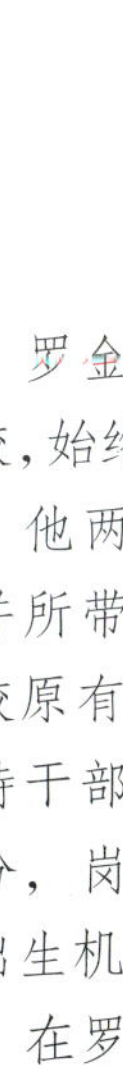

罗金鹏自2001年担任校长后，先后到过四所学校，始终坚持因地制宜，弘扬传统优势，创新发展。

他两度来到新桥路中学，克服七所学校两次合并所带来的人员超编、干群矛盾等困难，坚持学校原有传统优势，坚持“三个琅琅”办学理念，坚持干部各负其责的原则。打乱原有学校的身份划分，岗位竞聘，择优选用。很快，学校再次焕发出生机，迅速回归优势地位。

在罗金鹏校长的带领下，学校坚持“书声琅琅、歌声琅琅、笑声琅琅”的办学理念，围绕教育教学质量的生命线，艺术教育的风景线，校园文化建设的保障线，努力创建“书香校园、艺术校园、和谐校园”。

经过师生的共同努力，学校获得“首批北京市中小学文明校园”、“北京市文明单位”、“北京市金帆舞蹈团”、“北京市非物质文化遗产传承校”等荣誉称号。

神态
北京百名初中校长教育风采
BEIJINGBAIMINGCHUZHONGXIAOZHANGJIAOYUFENGCAI
风采
校长

吕 斌

北京市大兴区魏善庄中学

吕斌校长认为："现实和理想之间永远是存在差距的，但这差距也是一种魅力和一种追求，激励着我们教育工作者向着理想主义的目标奋进。"

在吕斌校长的带领下，北京市大兴区魏善庄中学全体师生深入挖掘学校文化内涵，确立了以"为善以德 为善以行 善为以能"为核心价值观的"善"文化体系。围绕学校文化核心价值观，明确提出了"树德启智 修善养行"的办学理念，确立了"培养怀善心、践善行、有善能的人"的育人目标，在办学实践上进行了文化建设的全面探索。

近几年，经过学校师生的共同努力，魏善庄中学已经发展成为一座环境幽雅、设施一流、师资雄厚、校风优良、教育教学成绩突出的现代化的花园式学校。好风凭借力，送我上青云。勤奋向上的魏中人将在这片重教尚学的热土上，谱写出更加灿烂的新篇章！

神态
北京百名初中校长教育风采
BEIJINGBAIMINGCHUZHONGXIAOZHANGJIAOYUFENGCAI
风采
校长

吕让华

北京市门头沟区潭柘寺中学

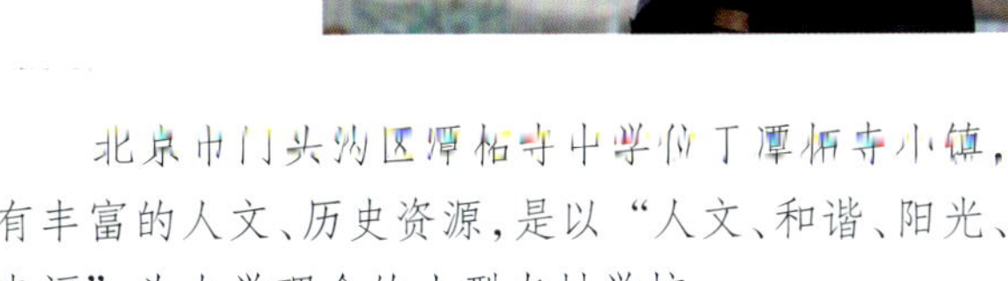

北京市门头沟区潭柘寺中学位于潭柘寺小镇，有丰富的人文、历史资源，是以“人文、和谐、阳光、幸福”为办学理念的小型农村学校。

在吕让华校长的带领下，学校全体教职员工秉承以“至真、至善”为学校的核心价值观、以“促使师生共同成长”为办学宗旨，以“建立人文学校”为办学目标，努力构建和谐幸福的校园环境，让师生拥有更多、更实在的“获得感”。

随着“十三五”的到来，学校又提出“聚力、创新、效率、人文”的办学思路，“五环节 十步骤”的教学模式，提高课堂效率；育人为本，以“俭洁敬善”为德育理念，打造诚信、人文校园。篆刻、木工为学校的特色项目。

学校育人质量逐步提升，伴随着潭柘寺地区的开发，学校逐步成为师生学习、生活、成长的乐园。

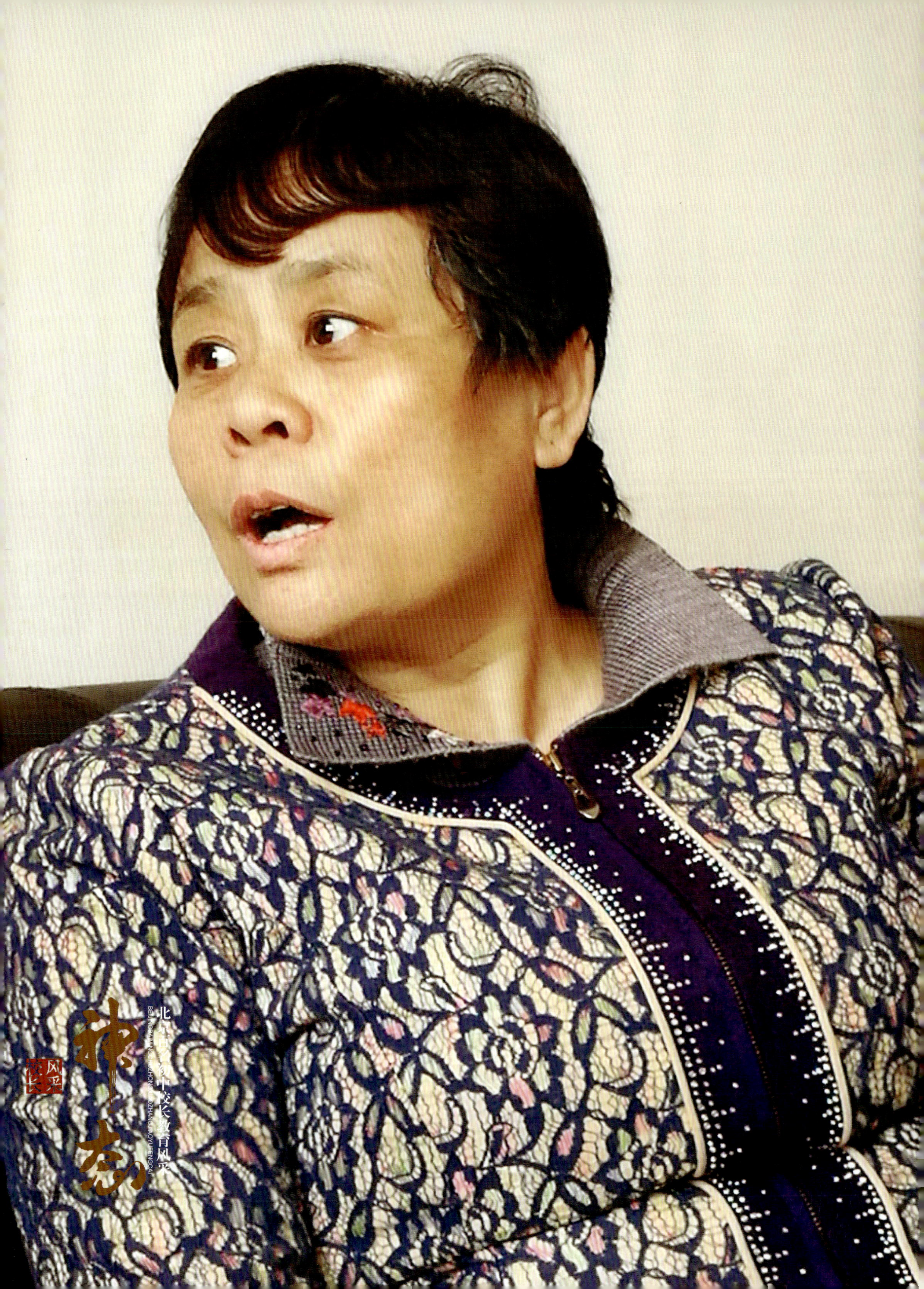
神态
风采
校长
北京市名初中校长教育风采
BEIJINGSHIMINGCHUZHONGXIAOZHANGJIAOYUFENGCAI

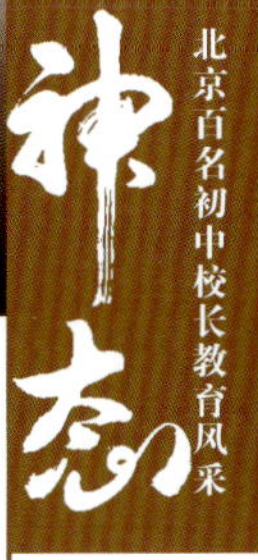

马　焕

北京市门头沟区妙峰山民族学校

学校始建于1958年，经多年的兼并、改制，发展成现在的妙峰山民族学校，该校是门头沟区唯一一所九年一贯制带附属幼儿园的寄宿制民族学校。

在马焕校长的带领下，学校全体教职员工坚持以“赏文之妙、识人之长、登学之峰”为核心价值追求；以“赏识美妙峰，教育显品位”为办学理念；以“赏识教育为人生添彩，妙励峰志为民族育才”为办学目标；以“厚德博学，赏己识长”为校训；以民族教育和课程衔接为重点；努力建构“赏识”教育文化体系,走上了一条“赏识”教育的内涵发展之路。

学校校园办学规范、环境优雅，有教学楼、幼儿园区、学生宿舍楼、师生食堂，硬件条件现代化，通过了国检验收。

神态
校长风采
北京百名初中校长教育风
BEIJINGBAIMINGCHUZHONGXIAOZHANGJIAOYU

马永锋

北京市燕山星城中学

马永锋校长怀揣教育理想，扎根燕山教育，不断探索实践。2011 年走进北京市燕山星城中学任校长。

来到星城中学，是更大的挑战，也是更大的舞台。他与学校老师们很快就形成共识："在我们手中是许许多多正在成长中的生命，每一个都如此不同，每一个都如此重要。我们要宽容、尊重、赏识他们每一个人，努力发现他们身上的闪光点，让他们在不断得到成功体验的过程中形成健全的人格，成为对国家有用的公民和最好的自己"。

在马永锋校长的带领下，学校师生继续秉承"相信自己，赏识他人"的办学理念，同时这也成为全体师生做人做事的准则。学校逐步形成"共学，共享，共进"的教师文化和"自主，自信，自觉"的学生文化，并获得燕山人民的广泛认可。

神态
风采
校长

孟宜安

北京市延庆区第三中学

在孟宜安校长的带领下，北京市延庆区第三中学高扬“创造生长，幸福三中”办学理念，以“文明、勤奋、同心、求实”为校训，坚持培养“健康阳光、追求真知、关注社会、明礼诚信、担当责任”的中学生，为国家培养近万名初高中毕业生，为高校输送数千名优秀大学生。

学校教学设施完备，生活配套齐全，拥有一支教有特色，学有专长，学生喜爱的教师队伍。学校美术尚美厅恢弘大气，图书启智馆图书丰富，体育乒乓球馆宽敞明亮，会议明德堂国学元素浓郁，仿古回廊四季园魅力独特，是一所学术气息浓厚、校园环境幽雅的完全中学。

学校成为第一批“北京市学校文化示范校”，先后获得“全国中小学节约型校园建设示范校”、“北京市校园环境示范学校”、“北京市规范化建设达标学校”等荣誉称号。

神态
北京百名初中校长教育风采
BEIJINGBAIMINGCHUZHONGXIAOZHANGJIAOYUFENGCAI
风采校长

牛辉刚

北京市朝阳区教育研究中心附属学校

在牛辉刚校长的带领下，北京市朝阳区教育研究中心附属学校目前从“人文与社会、科学与创新、艺术与审美、生活与健康”四个关键领域，“语言文学、人文社会、自然科学、工程技术、艺术审美、身心健康”六个方面不断完善了“阳光智慧”课程群。

学校从关注度、参与度、精彩度三方面致力于“阳光智慧”课堂的内涵研究。在综合实践课程的研发、实践过程中，聚焦学科素养和课程育人。在“阳光智慧课堂”的引领下，以小组合作模式开展课堂教学，培养学生自主学习、自主管理的能力。

学校深受当地百姓的认可，获“北京市中小学学校文化建设示范校”、“北京市中小学文明校”、“朝阳区素质教育示范校”称号，并连年取得朝阳区“中考优秀奖”，其中80%的毕业生考入市区重点校及示范高中。今后，教研附师生将朝着办成更高层次的优质示范校继续努力奋斗！

神态
北京百名初中校长教育风采
BEIJINGBAIMINGCHUZHONGXIAOZHANGJIAOYUFENGCAI

钮玉江

北京市房山区南梨园中学

在钮玉江校长的引领下，学校以科学发展观为指导，以房山区教委“1123”工作思路为引领，坚持“以人为本，和谐发展”的办学理念，顺应师生的禀赋，尊重师生的个性，提升师生的潜能，完整而全面地关照师生的成长与发展。尊重、发展、幸福已成为全校师生的核心价值观念。

学校秉承“和谐、明理、励志、健身”的校训精神，以“深化管理、提升质量、文化兴校”为发展目标，以创建学习型学校为载体，全面落实推进素质教育。学校办学质量、教育效果、社会效应都实现了跨越式发展。

学校自2010年连续七年获得“房山区中考质量评价一等奖”和“房山区全面实施素质教育综合评价一等奖”，先后被评为“房山区艺术教育特色校”、“北京市健康促进学校”、“房山区人民满意标兵学校”。

神采
校长风采
北京百名初中校长教育风采
BEIJINGBAIMINGCHUZHONGXIAOZHANGJIAOYUFENGCAI

彭　璇

北京市清河中学

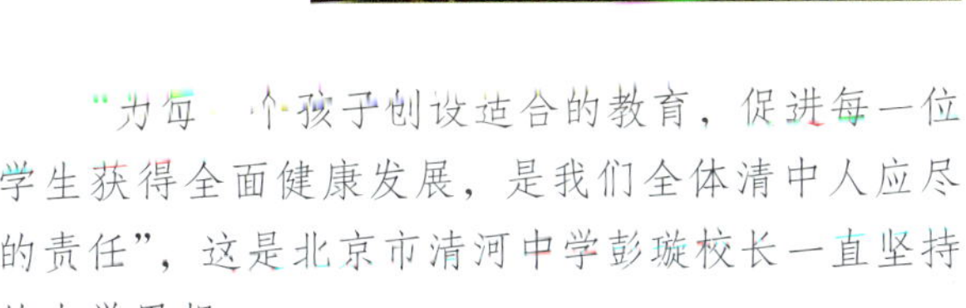

“为每一个孩子创设适合的教育，促进每一位学生获得全面健康发展，是我们全体清中人应尽的责任”，这是北京市清河中学彭璇校长一直坚持的办学思想。

在彭校长的带领下，学校坚持以养成教育和自主管理为重点，致力于学生综合素养的提升。坚持课程改革，除潜心探索高效生态课堂、不断提高学生学习质量外，还积极开设丰富的校本选修课程。学生健美操、机器人、无线电、车模等团队参加国家级及北京市比赛获得多次一等奖。学校坚持强师兴教，以学习型团队建设和教师自主发展为突破，引领每一位教师获得专业发展新的生长点。

近几年来，学校获得“北京市基础教育课程建设先进单位”、“海淀区德育专题教育四星级学校”、“海淀区中学课间操评比二等奖”等荣誉称号。目前，学校已发展成为海淀区新优质纯初中学校。

神态
风采
校长
北京百名初中校长教育风采
BEIJINGBAIMINGCHUZHONGXIAOZHANGJIAOYUFENGCAI

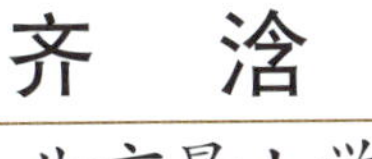

齐 浛

北京景山学校远洋分校

齐浛副校长来到景山学校远洋分校已经有近八年的时间了，她常说："每日聆听着孩子们的笑声，目睹着老师们那楼内外匆忙交错的身影，感受着生命成长的怦然心动，是我人生最珍贵的时段。"

景山学校远洋分校从2007年起建，在短短不到十年的时间里发展迅速，广受好评。学校坚持贯彻景山学校的办学宗旨，"全面发展打基础，发展个性育人才"，在徐秀筠校长和齐浛副校长的引领下，学校扎实做好教师的培训工作，涌现出一批青年骨干教师，成为市区教育战线的生力军。

学校小、初、高三个年段贯穿始终，体现全方位育人的理念，从课程建设到师资培养均体现一体化培养的思想，所有教育教学工作均是按照学生年龄特点及身体发展规律来设计，使得学生在景山远洋的思想情操、知识技能、学习方法等都有着脉络化的发展。

神态
北京百名初中校长教育风采
BEIJINGBAIMINGCHUZHONGXIAOZHANGJIAOYUFENGCAI
校长风采

时之远

北京市延庆区第二中学

在时之远校长的带领下，北京市延庆区第二中学坚持以创造适合学生成长的教育为办学理念，以建设师生快乐成长的幸福学校为办学目标，以培养进取、求真、奉献的莘莘学子为育人目标，以挑战自我、超越自我、追求卓越为办学精神，实施讲政治、讲责任、讲精细、讲效益、讲奉献的管理策略。

学校以宏志教育为重点，全面落实立德树人要求；学校积极建设校园足球、冬奥项目、参与世园等多彩课程，为学生全面而有个性成长提供课程资源支撑；学校聚焦课堂教学有效策略的研究与实践，不断提升课堂教学质量，满足学生对优质教育需求。

学校现为“北京市中小学党建工作示范点”、“北京市科技教育示范学校”、“北京市心理健康教育示范学校”、“北京市基础教育课程改革先进学校”、“延庆区教育系统先进单位”。

神态
校长风采
北京百名初中校长教育风采
BEIJINGBAIMINGCHUZHONGXIAOZHANGJIAOYUFENGCAI

孙 健

北京市大兴区德茂中学

在北京市特级教师孙健校长的带领下，北京市大兴区德茂中学坚持秉承“为每个学生创造美好未来”的办学理念和“树品牌意识、创京南名校”的办学目标。“活力教育”特色品牌成为学校文化建设的核心策略，人文求善、科学求真、艺术求美是德茂中学文化建设和课程建设的价值取向，凝练为“情真致美，学高德茂”八字校训。

几年的实践行动喜结硕果。活力教育品牌深化学校文化发展内涵，2014 年获得“北京市首批百所学校文化建设示范校”称号。在 2015 年被评为“北京市金帆艺术团”，民乐艺术教育普及率达到 100%。七十多名任课教师中现有北京市特级教师 2 名、市级学科带头人 2 名、市级骨干教师 3 名，区学科带头人和骨干教师 23 人。每年有 50% 以上的毕业生达到北京市示范性高中录取分数、70% 的学生中考成绩在 500 分以上。

神态
北京百名初中校长教育风采
BEIJINGBAIMINGCHUZHONGXIAOZHANGJIAOYUFENGCAI
校长风采

孙玉柱

北京石油学院附属中学

自孙玉柱校长来到北京石油学院附属中学以来，带领全校师生积极传承“铁人精神”，践行“五唯文化”，逐步形成了“铁人精神”为魂，“五唯文化”为骨的特色学校文化建设，指导北京石油学院附属中学取得了优异的办学业绩。

2011年学校被评为“海淀区示范学校”，2012年学校成为“全国教育特色学校”。学校先后成为中国石油大学、北京语言大学、北京科技大学、北京工业大学等多所重点高校的优秀生源地。同时，学校先后获得“全国教科研百强校”、“2014年度全国中学化学新课程实施先进单位”等近百项荣誉称号。

他个人发表的《追求学校内涵发展，提升学校竞争能力》、《“铁人精神”薪火相传、“五唯文化”引领发展》等文章总结了学校的办学实践，并明确了学校的办学思想，有效推进了学校快速发展。

神态
风采校长
北京百名初中校长教育风采
BEIJINGBAIMINGCHUZHONGXIAOZHANGJIAOYUFENGCAI

田福君

北方交通大学附属中学密云分校

田福君校长自来到北方交通大学附属中学密云分校以来，坚持带领学校师生秉承北方交大附中的办学理念“让学生在成长中体验快乐，让教师在成功中体验幸福”，以“建设一所有幸福感的学校”为办学目标，高标准打造干部和教师两支队伍，使传承和发展有机整合，本部资源与分校资源有机融合，以“人”的发展为核心，系统地构建学校的价值追求。

学校围绕学生共性需求与学校的培养目标入手，把感恩重责、阳光包容、博学笃行、健康雅趣作为培养目标，从德、心、智、美四个方面建立起文学与社会、体育与心理健康、科学与艺术、艺术与审美四大类课程体系三十多门课程，为学生发展提供个性化教育资源。

学校注重幸福课堂建设，从有趣、有参与和有成就的“三有课堂”为标准，打造生动课堂，从各方面增强师生的幸福体验。

关爱生命 共享蓝天

北京十三和科技发展有限公司一直致力于空气净化设备的研发。针对中国当前严重雾霾和空气污染状况我公司与承担核潜艇、航空母舰及神舟航天飞船空气净化任务的海军七一八所合作，成功研发生产出吸立清SSH-301 空气净化器和全智能楼宇空气 PM2.5净化消毒系统等产品。该技术已广泛应用于核潜艇、航空母舰及学校、医院、机关、写字楼家庭等民用场所。

全智能楼宇空气PM2.5净化消毒系统

神态
风采
校长
北京百名初中校长教育风采
BEIJINGBAIMINGCHUZHONGXIAOZHANGJIAOYUFENGCAI

田 颖

北京市门头沟区斋堂中学

在田颖校长的引领下，北京市门头沟区斋堂中学全体教职员工坚持励精图治，精益求精，用智慧和汗水，努力实现建设成一所现代化、有特色、高质量的山区优质教育学校办学目标。

她忠诚履职，务实求真，与时俱进，开拓创新。随着素质教育的推进和新一轮课改的实施，田校长团结和带领全校教职工，坚持“追求卓越，超越自我”的办学理念，践行科学发展观，全面贯彻教育方针，全面提高教育质量。以建设书香、活力多彩、有特色、数字化的学校为抓手，以传统教育和课程建设为载体，以核心价值观和学生良好行为习惯的养成为教育重点，以校风、班风、学风建设为支撑，以德树人，以质立校，加快学校发展的步伐，努力实现着“一切为了学生的成长，一切为了学校的发展”的办学宗旨。

神态
风采校长
北京百名初中校长教育风采
BEIJINGBAIMINGCHUZHONGXIAOZHANGJIAOYUFENGCAI

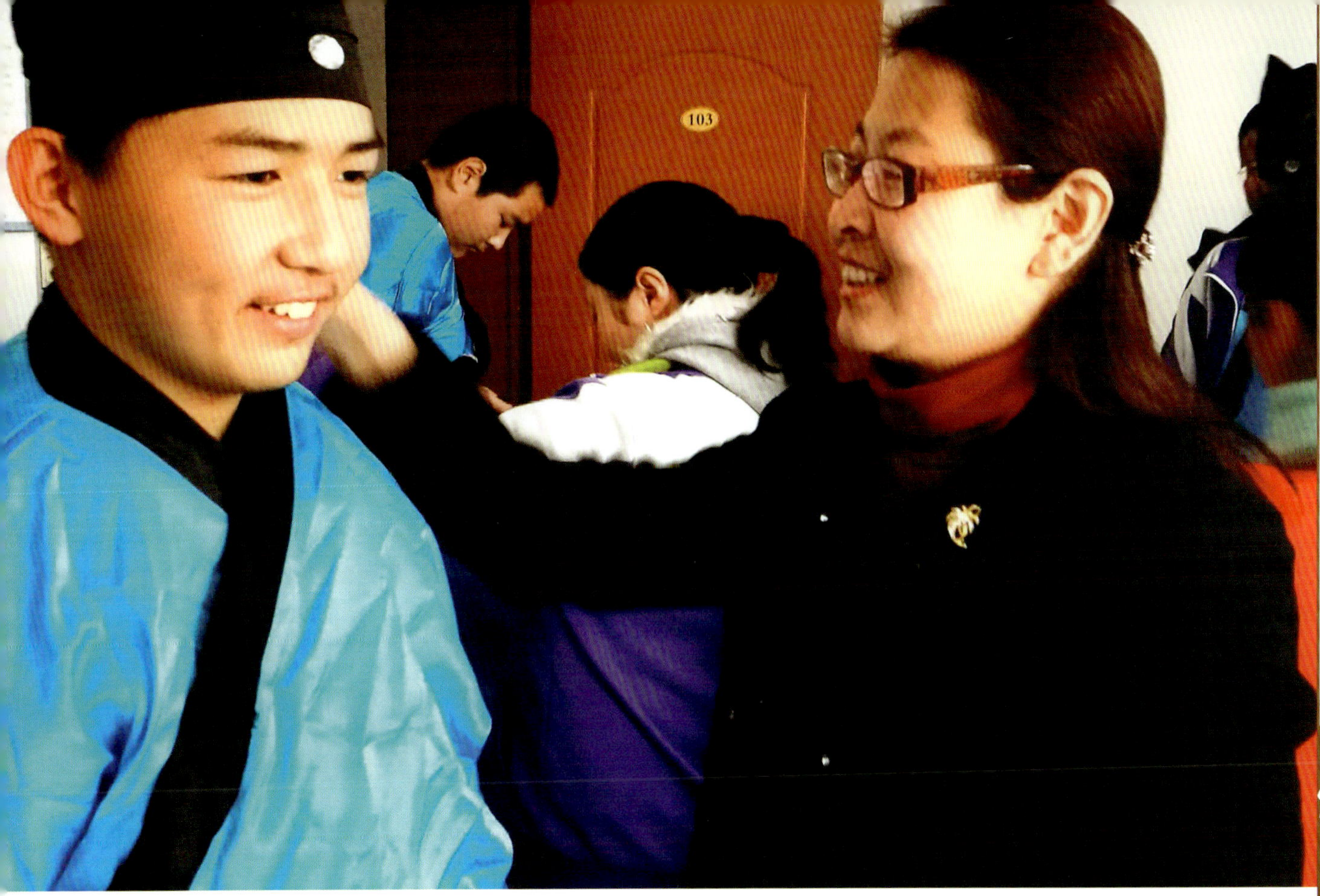

田　颖

北京市门头沟区斋堂中学

在田颖校长的引领下，北京市门头沟区斋堂中学全体教职员工坚持励精图治，精益求精，用智慧和汗水，努力实现建设成一所现代化、有特色、高质量的山区优质教育学校办学目标。

她忠诚履职，务实求真，与时俱进，开拓创新。随着素质教育的推进和新一轮课改的实施，田校长团结和带领全校教职工，坚持“追求卓越，超越自我”的办学理念，践行科学发展观，全面贯彻教育方针，全面提高教育质量。以建设书香、活力多彩、有特色、数字化的学校为抓手，以传统教育和课程建设为载体，以核心价值观和学生良好行为习惯的养成为教育重点，以校风、班风、学风建设为支撑，以德树人，以质立校，加快学校发展的步伐，努力实现着“一切为了学生的成长，一切为了学校的发展”的办学宗旨。

神态
校长风采
北京百名初中校长教育风采
BEIJINGBAIMINGCHUZHONGXIAOZHANGJIAOYUFENGCAI

佟明河

北京市房山区良乡第二中学

佟明河校长在实现北京市房山区良乡第二中学内涵发展，追求在更高层次上办学的进程中，带领学校确立了“崇尚优秀品德，追求人生品位”的教育理念，把培养“有品位的人”作为育人总目标，着力打造和谐共存、相融相生的“梧桐文化”，努力实现“打造京郊名校”的办学总目标。

梧桐文化体系，即凸显人文的管理文化、提升品位的课程文化、活力互助的课堂文化、德艺双馨的教师文化、追求品位的学生文化、合作共赢的公共关系文化、师生共筑的校园环境文化。

近年来，学校先后获得了“全国艺术教育先进学校”“北京市初中建设工程先进学校”“北京市中小学德育工作先进集体”“北京市中小学艺术教育特色学校”“房山区人民满意标兵学校”“房山区综合素质评价一等奖”等170余项国家级、市区级荣誉。

北京百名初中校长
BEIJINGBAIMINGCHUZHONGXIAOZHANG
神态
风采
校长

王春彦

北京市大兴区亦庄中学

在王春彦校长的带领下，北京市大兴区亦庄中学全体教职员工坚持“和谐愉悦、积极向上、求真务实、创新发展”的办学理念，以“身体强健、品格高尚、学业优秀、特长突出”为育人目标，着眼于内涵发展，着力于课程、课堂改革，全力打造“亦慧教育”。

“五大类”、“四大节”、“八大社团”、“二十余门课程”，学校整合校内教育教学资源，开发德育、体育、艺术、人文、科技五大领域校本课程特色，构建“兴趣参与成功体验课程模式”，重点培养学生的综合素养。学校还加强“分层”策略的研究和推广，以“低起点”、“小步子”、“快反馈”、“勤纠正”为特点的“小步教法”，旨在让学生们能在一个适合自己的区域内寻找到属于自己的步调，稳中求快的前进。

北京百名初中校长教育风采
BEIJINGBAIMINGCHUZHONGXIAOZHANGJIAOYUFENGCAI
神态
风采
校长

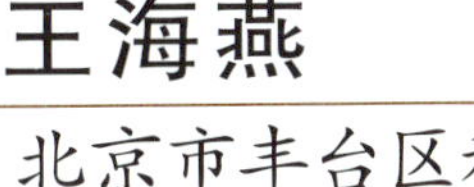

王海燕

北京市丰台区和义学校

在王海燕校长看来，北京市丰台区和义学校就像是一个大家庭。“和义”不仅是学校的名字，更是全体师生所秉持的文化。

王校长带领学校确定了以“和义文化”为理念的学校文化体系。“和”即和谐、合力。学校为教师的发展创造机会、搭建平台，教师为学生尽心尽力、永不言弃。“义”是这个大家庭的生命追求。学校以“全心全意为师生的发展和幸福服务”为办学理念，以“和义文化”为引领，以“每天进步一点点”为行动指南，师生在学习工作中做到个体平和心态、群体团结协作、共创佳绩。

作为“初中学生综合素质评价”实验校，学校取得了一系列成绩：先后获得“中国可持续发展教育项目示范学校”、“北京市课改先进校”、“丰台区中考优类校”、“北京市体育传统项目学校（曲棍球）”、“北京市文明礼仪示范学校”等称号。

神态
校长风采
北京百名初中校长教育风采
BEIJINGBAIMINGCHUZHONGXIAOZHANGJIAOYUFENGCAI

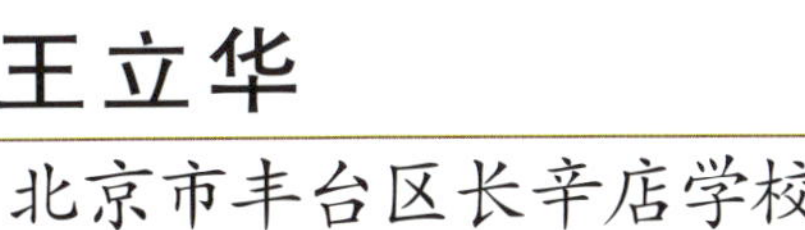

王立华

北京市丰台区长辛店学校

王立华校长，自2006年担任北京市丰台区长辛店学校校长以来，经历了2007年中小学合并、2011年承办幼儿园的学校发展历程。

王立华校长提出的“儒雅文化”立校，已成为全校师生的价值追求和行为取向。她工作思路清晰，管理效能显著，具有良好的个人修养，人生笃信“和谐产生美”并始终贯穿在学校的管理之中。她注重教科研工作，率先引领学校文化建设，积极构建学校“儒雅教育”理念下的三级课程体系。她注重干实事，努力改善办学条件，努力践行着“办人民满意学校”的宗旨，学校办学影响力不断提升，儒雅教育已成为学校发展的品牌，获得广泛赞誉。

学校近年来先后获得“北京市中小学文明校园”、“北京市中小学校园文化建设示范校”、“北京市丰台区中小学全面实施素质教育优质校”、“北京市丰台区中考优类校”、“北京市丰台区艺术教育特色校”等荣誉称号。

神态
校长风采
北京百名初中校长教育风采
BEIJINGBAIMINGCHUZHONGXIAOZHANGJIAOYUFENGCAI

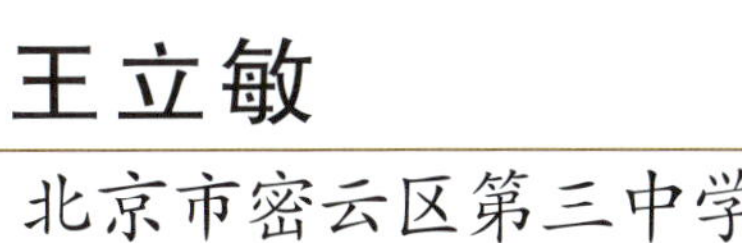

王立敏

北京市密云区第三中学

王立敏校长在参加工作期间，先后经历了班主任、年级主任、教务主任、德育主任等多种角色的转变，2016年任北京市密云区第三中学校长。

在王立敏校长的带领下，学校秉承“面向全体、教有特色，全面发展，学有特长”的办学理念，将“品德高尚、学业优良、爱好广泛、身心健康”作为学生的培养目标，以“团结协作、无私奉献、勇争第一”为三中精神，为实现“质量一流、学生向往、家长放心、社会信任”的学校愿景，不懈努力！

近几年在区教委的引领和全校师生的共同努力下，不仅中考成绩连创新高，而且在队伍建设、课程建设、文化建设等方面都取得了新的突破。学校以精致课堂和精彩校园生活为抓手，关注每个学生的个性发展，让每个三中人都成为最精彩的自己。

北京百名初中校长教育风采
BEIJINGBAIMINGCHUZHONGXIAOZHANGJIAOYUFENGCAI
神态
风采
校长

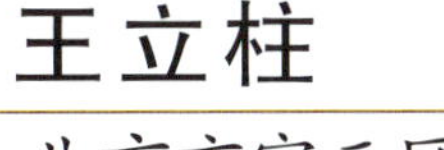

王立柱

北京市密云区河南寨中学

在王立柱校长的带领下，北京市密云区河南寨中学坚持提倡“幸福教育”，教育教学质量连年来稳步上升。

全体河中人正努力构建“精美雅致、温馨和谐、促学静思、书声琅琅”的幸福校园，彰显“底蕴深厚、品位高雅、助人自助、暖意绵绵”的幸福文化，成就“身正学高、成仁博达、敬业乐教、文质彬彬”的幸福教师，培养“德馨学实、明理诚信、智慧阳光、生气勃勃”的幸福学生，开展“体艺熏陶、张扬个性、才艺双全、意趣洋洋”的幸福活动，打造“因材施教、教学相长、民主合作、其乐融融”的幸福课堂。

当下，学校文化建设紧紧围绕“幸福”这一主题，构建“幸福德育、幸福智育、幸福体育、幸福美育”等文化体系，培养和提升学生“幸福的三种能力”，即认识幸福、创造幸福和享受幸福的能力，为其一生的幸福奠基。

神态
风采
校长
北京百名初中校长教育风采
BEIJINGBAIMINGCHUZHONGXIAOZHANGJIAOYUFENGCAI

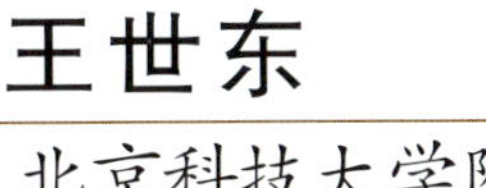

王世东

北京科技大学附属中学

王世东校长每天清晨站在门口迎接师生，教研组活动中参与研讨，家长会上讲解教子育人之道，课堂上既是专家又当学生，与老师们一道评课研课……他用自己的实际行动带领师生践行“明德至善，鼎新力行”的校训，坚持“人本、和谐、务实、创新”的办学理念，加强建成了一支专业、教育热情高的教师团队。

北京科技大学附属中学建设了融合学科、贯通学段的“三级四类”课程体系，加强 STEAM 特色课程研究，培养一批批具有“健博慧雅，善思敏行”品质的优秀学生。在王校长的带领下，学校正行进在建设海淀区新品牌学校路上，2016 年中高考再创佳绩，中考 500 分以上学生占 67.3%；高考首次实现 650 分的突破。

目前，学校正借力北京科技大学和海淀教师进修学校双对口支持项目，把握北京市“1+3”项目试点改革的契机，建设 STEAM 特色课程，发挥教育的唤醒功能——挖掘潜力，唤醒教师的职业自觉，激发每个孩子的发展潜力，办好百姓有“实际获得”优质的品牌学校。

风采
校长
神态
北京百名初中校长教育风采

王新燕

北京市丰台区东铁匠营第二中学

自王新燕校长来到北京市丰台区东铁匠营第二中学以来，带领学校坚持“以学习求发展、以务实谋发展、以特色创发展、以和谐促发展”，依法治校、文化立校、科研兴校、特色强校，建设“精彩文化”，推进“精彩教育”。

学校追求的精彩课堂，是以不断提升教师专业能力与水平为根基，以促进学生发展为核心，突出对学生创新精神和实践能力的培养。学校多项教育教学成果获市区级奖励，多次承担市区级教研活动，连续多年荣获“中考教学优类校”“初中教学管理绩效优秀奖”“中考中招目标管理优秀奖”等荣誉称号。

2013年学校被命名为“北京市科技教育示范校”。学校在亚太区DI创新思维北京国际邀请赛、北京市中小学生金鹏科技论坛比赛等多项科技竞赛中斩获佳绩。通过科技教育，有效提升了学生们的科学素养。

神态
校长风采
北京百名初中校长教育风采
BEIJINGBAIMINGCHUZHONGXIAOZHANGJIAOYUFENGCAI

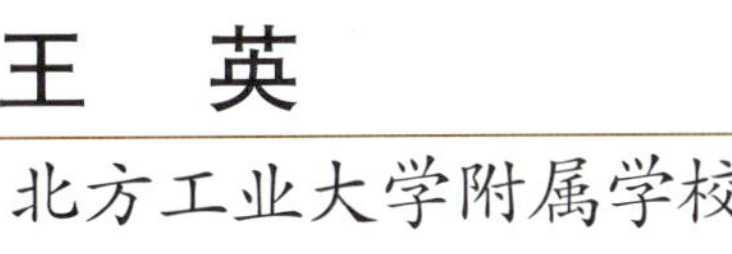

王　英

北方工业大学附属学校

在王英校长的带领下，北方工业大学附属学校全体教职员工秉承“以优势成就个性 让成长创造价值”的办学理念。在教育教学中，学校将“优势成长教育”作为文化符号，深植入学生的每一堂课、教师的每一步专业发展之中，让教师、学生获取这一“优势基因”，做自己，赢未来！

学校为教师树立、实践一体化的课程理念创造了平台。学校大力推动学科大组教研活动，开展中小衔接课程体验活动，引导老师们站在九年一贯制整体育人的高度，思考本学段的核心学科素养和育人目标，提高本学段的课堂教学效率。

在九年一贯制方面的探索，学校取得了学生和家长的认可。成立短短一年的时间，在课程改革、教学成效以及学生德、智、体、美等活动方面取得了令人瞩目的成就，让学校成为了老百姓身边的好学校。

校长风采
神态
北京百名初中校长教育风采
BEIJINGBAIMINGCHUZHONGXIAOZHANGJIAOYUFENGCAI

王玉辉

北京市顺义区杨镇第二中学

王玉辉校长在基础教育战线工作三十余年，屡创佳绩，曾被评为全国素质教育优秀个人，现代教育理论与实践全国优秀校长，“教育奠基中国”全国名优校长，北京市优秀教育工作者，北京市中学骨干校长。还承担更多社会责任，被聘为北京市教育学会初中教育研究分会副理事长。

王玉辉校长带领北京市顺义区杨镇第二中学全体师生落实“师生重品德，管理有品位，办学创品牌”的“三品”办学目标，践行“在自我超越中成就美好人生”的校训，开展“ICD”课程改革，实现了学校可持续发展。学校曾获得“全国素质教育优秀学校”、“联合国教科文组织中国可持续发展教育（ESD）项目示范学校”、“北京市学校文化建设示范校”、“北京市课程建设先进单位”、“京城教改创新领军中学”等荣誉称号。多次承办国家、市、区级教育教学现场会，多次接待来自全国各地的干部教师考察团，赢得了良好办学效益和社会声望。

神态
风采
校长
北京百名初中校长教育风采
BEIJINGBAIMINGCHUZHONGXIAOZHANGJIAOYUFENGCAI

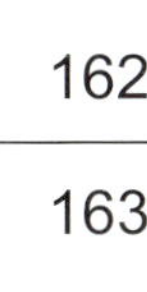

王泽旭

中央工艺美术学院附属中学

王泽旭校长是一位充满教育情怀和教育智慧的校长，他推崇老子“唯道是从”的理念，并将其作为学校办学思想的核心。

王泽旭校长从事美术教学及学校管理工作三十余年，他自2007年任工美附中校长以来，带领学校全体教职员工遵从“形神兼备、术道兼修”的校训，在办学实践中坚持中西合璧，采用国际通用的教育手段实施教育行为，着力培养具有民族情怀和国际视野的美术特色创新人才。

学校在他的精心耕耘下取得了突飞猛进的发展，不到十年时间，工美附中已经从一所普通中学一跃成为国家级特色发展试验项目学校，相继承担了市区教委城乡一体化、统筹三、“1+3”培养试验、九年一贯制等多项综合改革项目，一直走在教育改革最前沿……

风采
校长
神态

王建民

北京市燕山向阳中学

王建民校长本着“为教师服务、为学生服务、为家长服务”的教育理念，认真工作，敢于创新。

在他的带领下，北京市燕山向阳中学坚持“以学生发展为目标，以教师发展为核心”的办学思想。学校以“诗韵向中”校本课程为平台，培养学生人文素养；以管乐队建设为平台，培养学生的艺术素养。目前学校50%的学生能掌握一种管乐乐器的演奏技能。

学校坚持德育为首，教学为中心，安全第一，开展文明校园的建设，为实现“教育质量一流，育人环境优美，办学条件先进，师资队伍优秀，学校管理科学，现代教育技术突出，人民满意、社会满意、学生家长满意的现代学校”的办学目标做出不懈努力。

学校获得“首批北京市中小学党建示范点”、“全国中小学信息技术实验校”和“北京市信息技术先进校”等荣誉称号。

神态
北京百名初中校长教育风采
BEIJINGBAIMINGCHUZHONGXIAOZHANGJIAOYUFENGCAI
风采
校长

隗合春

北京工商大学附属中学

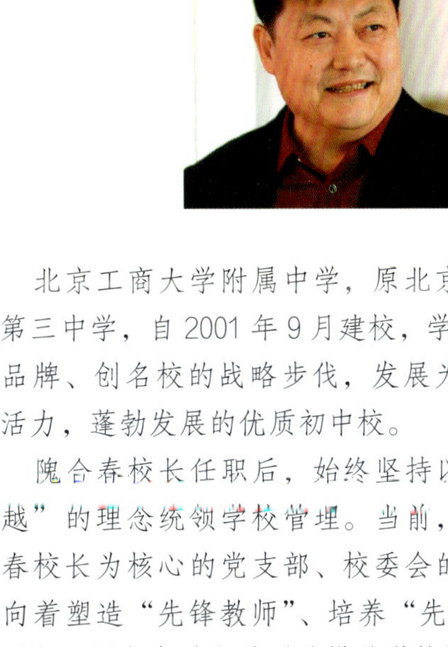

北京工商大学附属中学，原北京市房山区良乡第三中学，自 2001 年 9 月建校，学校历经立校、打品牌、创名校的战略步伐，发展为区内一所充满活力，蓬勃发展的优质初中校。

隗合春校长任职后，始终坚持以“用心方能超越”的理念统领学校管理。当前，学校在以隗合春校长为核心的党支部、校委会的领导下，正在向着塑造“先锋教师”、培养“先进少年”、着力“办一所走在时代前列的模范学校”努力奋进。

在拼搏、奋进、创新中谋求更大发展的北工商附中，为房山区教育事业发展做出了突出贡献，自建校以来连年荣获房山区“人民满意标兵学校”、“教育系统先进单位”、“综合素质评价一等奖”、“区运会总分第一名”等荣誉 800 余项。学校已成为一所领导放心，群众满意，学生欢迎的学校。

神态
校长风采
北京百名初中校长教育风采
BEIJINGBAIMINGCHUZHONGXIAOZHANGJIAOYUFENGCAI

魏　芳

北京市门头沟区大峪中学分校

近年来，北京市门头沟区大峪中学分校在魏芳校长的带领下，注重文化建设，实施“尊重教育”，推进人本文化、自觉文化、适合文化、诗意文化，干群励精图治，师生共同成长。

大峪中学分校先后荣获“全国学校体育工作示范校”、“首批北京市中小学文明校园”、“北京市艺术教育特色学校”、“首都文明示范单位”、“北京市教育科研先进学校”、“北京市诗歌特色学校”等荣誉称号。

2016年2月，门头沟区教委决定开展“集团化办学管理实践”，大峪中学分校接管京师实验中学，成立峪分京师教育集团，由魏芳校长统一管理，实施两校区一校长的一体化管理模式，推进区域优质教育资源共享，提升整体办学质量。她引领教师，骨干结对、彼此学习，提升了教师整体素质；她引领课改，专题讲座、游学远足，增强了学生实际获得。

北京百名初中校长教育风采
BEIJINGBAIMINGCHUZHONGXIAOZHANGJIAOYUFENGCAI
神态
校长风采

魏子璞

北京市门头沟区清水学校

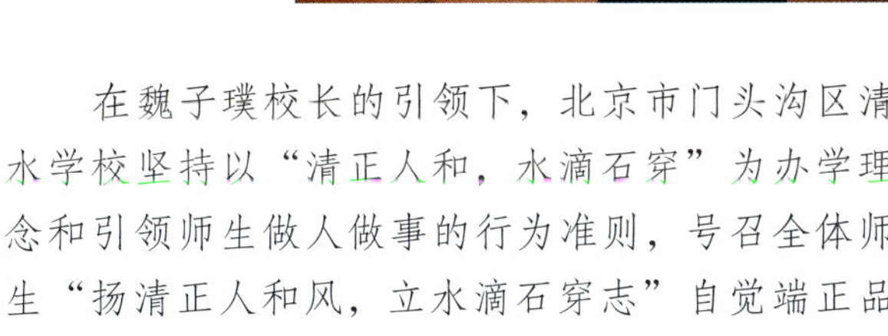

在魏子璞校长的引领下，北京市门头沟区清水学校坚持以“清正人和，水滴石穿”为办学理念和引领师生做人做事的行为准则，号召全体师生“扬清正人和风，立水滴石穿志”自觉端正品行立志成才。

学校教师立足农村教育实际，汇聚多方教育资源，营造和谐育人环境（接地气、聚人气、讲和气），以培养拥有深厚知识积淀，树立远大成功志向，弘扬正向积极风气（厚底气、立志气、扬正气）的优秀学子为目标。

学校全面落实10%学科实践活动。教学上注重课堂实效，推行学、探、诊、固四步教学法，努力提高教学质量。为打造山区寄宿制特色学校、提升学生综合素养，学校聘请名师名家，开设多彩社团和特色课程，逐步提升办学品位。2016年清水学校附属幼儿园的开园，让当地百姓在家门口享受到了优质普惠的学前教育，深受社会认可。

北京百名初中校长教育风采
BEIJINGBAIMINGCHUZHONGXIAOZHANGJIAOYUFENGCAI
神态
风采校长

吴振奇

北京市昌平区马池口中学

在吴振奇校长的带领下，北京市昌平区马池口中学全体教职员工始终坚持以“细致健康校园，绿色发展空间”为主题的“绿色教育”特色办学理念，不断“关注学生的发展，关爱生命的教育”，努力培养具有“爱学校、爱集体、爱老师、爱同学”的“四爱”中学生；同时，开展钢琴、舞蹈、书画、跆拳道、足球等特色课程，“发展学校特色，引领学生特长”，提高农村学生的综合素质。

近几年，学校在教育教学等方面，均取得了优异的成绩，中考成绩连年提升；学生舞蹈、合唱社团均获得市艺术节银奖；学校被评为“全国教育系统节约型学校建设示范校”。

教育的道路任重而道远，马池口中学努力“不忘初心教会学生，继续前行发展特色”，办适合马池口地区孩子的绿色教育。

神态
校长风采
北京百名初中校长教育风采
BEIJINGBAIMINGCHUZHONGXIAOZHANGJIAOYUFENGCAI

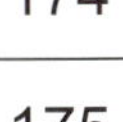

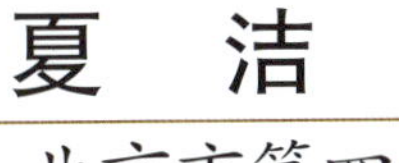

夏　洁

北京市第四中学璞瑅学校

北京市第四中学璞瑅学校是由北京市丰台区教委主办、北京市西城区教委支持、与北京市第四中学、西城区黄城根小学合作办学的一所新建九年义务教育学校。

在夏洁校长的带领下，学校提出并践行着“总校优秀文化基因移植”的理念，坚持办原汁原味、名副其实、同形同构同质的分校。她坚持做质朴而高贵的教育。自建校初，学校就贯彻着“以人育人，共同发展”的教育理念和“培养杰出的中国人”的育人目标。学校秉承北京四中、黄城根小学百余年积淀的深厚办学传统，依托两所学校的优势资源，带领青年教师创造出了独特独行的发展之路。

经过几年的努力，学生呈现出勤奋、严谨、质朴的精神风貌与敢于担当、追求生命纯净的精神气质；学校已成为学生最喜欢就读的学校、丰台区满意度最高的学校、最具幸福感领军学校和最具发展潜力品牌学校。

神态
北京百名初中校长教育风采
BEIJINGBAIMINGCHUZHONGXIAOZHANGJIAOYUFENGCAI
风采
校长

谢国平

北京市王平中学

在谢国平校长的带领下，北京市王平中学秉承以“人本教育”为核心，着力涵养“王平文化”，引领学校特色化发展。

学校坚持“让每个生命自信绽放”的办学愿景，坚持“人文化管理、内涵式发展、现代化育人、开放式办学”的发展思路，把学校建设成为点燃梦想、实现梦想的追梦学园；逐步形成了以培养学生自信为核心的“一化一式”文化建设体系，着力构建特色的生活化、多样化、生态化的“学园”课程体系；坚持开放办学，通过构建“六位一体”的立体式协作体，充分利用各种优质资源，形成育人合力，促进学生发展。

近年来，学校先后获得“北京市中小学学校文化建设示范校”、“北京市基础教育课程建设优秀成果二等奖”、“门头沟区基础教育课程建设先进单位”、“首批北京市中小学文明校园”等荣誉称号。

神态
风采
校长

熊　劲

北京宏志中学

北京市第142中学创办于1963年，50多年来历经了求生存、谋发展、创品牌、出特色的发展之路。2000年创办宏志中学，实施宏志教育。

在熊劲校长的带领下，学校秉承“修德宏善，秉志笃行”的校训精神，践行“以宏志砥砺生命尊严”的办学理念，优良的育人环境和一流的教学质量赢得了社会的赞誉。学校通过建立学生帮扶和支持系统、构建和完善丰富的课程体系，特别重视每天安排一节体育课、经典阅读课、综合实践活动课等，不断提升学生的人文精神、科学素养、创新意识与实践能力。

学校初中被评为“北京市加工能力强的学校”，学校先后荣获“全国百所德育示范校”、“国家级健康促进校”、“全国法制文化建设先进单位”、“北京市学校文化建设示范校”、“北京市心理健康教育特色学校”等荣誉称号。

神态
校长风采
北京百名初中校长教育风采
BEIJINGBAIMINGCHUZHONGXIAOZHANGJIAOYUFENGCAI

徐　唯

北京市赵登禹学校

徐唯校长自2000年至今在这个岗位已经16个年头，作为九年一贯制的校长，一校三址，他总在思考学校的融合、发展和提升；同时也想着要如何办人民满意的学校。

在徐校长的带领下，学校视教育教学质量为学校生命；学校以“追求精致教育，落实精细管理，打造精品学校”为办学目标，坚持以内涵发展为重点，以队伍建设为核心，办出学校的特色，以精致创精品，以精品求发展，让每一位赵登禹人都能得到全面发展。

学校关注学生的健康成长，高度重视学生的可持续发展。逐渐形成了以京剧、合唱为主的艺术特色教育；以田径、足球、网球为依托的体育特色教育。学校引领各学科组积极开发，努力实践，逐步形成了特色学科实践活动。学校于2014年成功举办了“北京市赵登禹学校办学实践研讨会”。

北京百名初中校长教育风采
BEIJINGBAIMINGCHUZHONGXIAOZHANGJIAOYUFENGCAI
神态
校长风采

徐向东

北京师范大学亚太实验学校

徐向东校长从教近30年，一直努力践行“让教育成为生命关怀的事业，让学校成为学生自主成长的乐园”的教育理想。

近年来，在徐向东校长的带领下，学校提出了“教育浸润生命”办学理念，明确了学校“培养身心健康、智慧理性、具有生命情怀、艺术涵养和国际视野的好少年”的育人目标，并主持研究“生命浸润”课程体系，目前颇具成效。

北师大亚太实验学校经过二十多年的发展，荣获“北京市基础教育科学研究先进学校”、“北京市中小学课程创新实验遨游计划项目基地校”、“北京市青少年科技创新人才培养雏鹰基地校”、“北京师范大学基础教育合作办学平台校长研修基地”、“北京市艺术教育示范校”、“北京市体育传统项目校（游泳）”等称号，并获得了北京市第三、四届基础教育成果奖。

神态
北京百名初中校长教育风采
BEIJINGBAIMINGCHUZHONGXIAOZHANGJIAOYUFENGCAI
校长风采

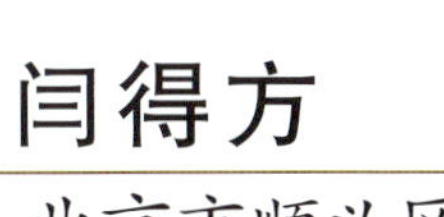

闫得方

北京市顺义区第十三中学

北京市顺义区第十三中学与首都师范大学合作办学，成为首都师范大学教育研究实践基地，顺义区信息技术研究实践基地。

闫得方校长自来到顺义区第十三中学以来，带领学校坚持秉承“人人有潜质，个个能发展”的办学理念，以“合和”作为文化核心，加强不同教师文化、学生文化、课程文化之间的对话与通融，提升办学品味。学校坚持以校园文化为引领，扎实推进各项工作，社会满意率不断提升，先后获得“首批北京市中小学文明校园”、“北京中小学学校文化建设示范校”、“北京市足球特色校”、“国家级探索城乡教育一体化发展有效途径试验项目学校”、“顺义区教育教学管理先进单位”等荣誉称号。

今后，全校师生将继续努力把学校办成培养人才的学园、充满亲情的家园、培养个性的乐园、陶冶情操的花园，办人民更加满意的教育。

神态
北京百名初中校长教育风采
BEIJINGBAIMINGCHUZHONGXIAOZHANGJIAOYUFENGCAI
风采
校长

杨建华

北京市平谷区第四中学

在杨建华校长的引领下，北京市平谷区第四中学秉承以“育人为根本，质量为生命，教科研为先导，队伍建设为保证”的办学思想，创设适合每一名学生成长的空间，营造适合每一位教师发展的氛围。

学校课程改革模式是自主、和谐、互动，课改目标：追求学生自主学习的高效课堂，主要举措是采取“小组合作下的同伴互助式”学习方式，开发《故事英语》和《平谷旅游地理》两个校本课程，获得市级二等奖。成立足球队、篮球队、舞蹈队，组建师生合唱团、科技小组、书法美术课外小组等，开展丰富多彩的校园活动，提升学生素质。

近年来，学校先后荣获“北京市中小学德育工作先进集体”、“全国百所德育科研名校”、“北京市教育科研先进校”、“北京市教师培训实践基地”、“信息技术创新实践活动先进单位”等称号。

神态
风采
校长
北京百名初中校长教育风采
BEIJINGBAIMINGCHUZHONGXIAOZHANGJIAOYUFENGCAI

杨　健

北京市大兴区榆垡中学

杨健校长自任职以来，他高标准要求自己，要做有思想、有追求的领导者，做学、思、行的引领者。

近年来，在杨健校长的带领下，北京市大兴区榆垡中学始终坚持“以人为本，依法治校，为学生的一生发展奠基”的办学思想，努力实现“把我们的学校建设成为改造乡村生活的中心，把我们的教师发展成为改造乡村生活的灵魂，把我们的学生培养成为改造乡村生活的主人”的办学目标。聚焦核心素养，倡导“自主”教育，将学校育人目标“会自理，善助人；会学习，乐探究；有礼貌，讲诚信；有志气，敢担当”落到实处。

学校曾荣获“北京市学校文化建设示范学校”、“北京市健康促进校”、“北京市教育科研先进单位”、“大兴区中学教育教学一等奖”等荣誉称号，得到了本地区老百姓的尊重、信任和赞赏。

风采
校长
神态
北京百名初中校长教育风采
BEIJINGBAIMINGCHUZHONGXIAOZHANGJIAOYUFENGCAI

杨　梅

北京市前门外国语学校

在杨梅校长的带领下，北京市前门外国语学校教职员工捕捉到当前教育改革的前沿信息，再创学校辉煌。

杨梅校长致力于学校核心文化的梳理，在继承与发扬前几任校长办学思想的基础上，提出了“三知三行”教育理念。“三知”，即“知自我”、“知国家”、“知世界”，分别体现了义务教育的基础性特点、民族精神的核心价值以及面向国际的发展方向。“三行”即“行大道”、“行公道”、“行正道”，这分别体现了教育的“以人为本”、教育的“以德为先”、教育的“社会价值”。

伴随着北京市初中学生综合素质评价改革的步伐，学校为吸引和鼓励学生在思想品德、学业水平、身心健康、艺术素养、社会实践、个性发展等各个方面取得进步，在2016年的开学典礼上，启动了“学生奖励积分卡”实施方案，深受学生喜爱。

北京百名初中校长教育风采
BEIJINGBAIMINGCHUZHONGXIAOZHANGJIAOYUFENGCAI
神态
校长
风采

杨玉慧

北京市通州区于家务中学

杨玉慧校长扎根在农村教育的沃土，勤勤恳恳立德树人，对学生爱而有格。在于家务百姓心中，他是可以教导孩子成人成才的优秀校长。

在杨玉慧校长的引领下，北京市通州区于家务中学围绕“规范、责任、奉献”，有条不紊地推进各项工作，办当地百姓满意的学校。坚持质量为本，推行“有教无类 因材施教”思想引领下的目标管理，培养学生的核心素养。创新开展社会主义核心价值观和中华优秀传统文化教育，追寻家规家训，呼唤良好家风，用“做人教育”引领师生成长。

学校教师爱生乐教，学生厚德笃学，已连续四年成为通州区“初三毕业班工作优秀校”，喜获“北京市第二批学校文化示范校”、“北京市民族团结教育示范校”和“通州区学习型创建工作先进组织”、“师德群体建设先进单位”等殊荣。

神态
北京百名初中校长教育风采
BEIJINGBAIMINGCHUZHONGXIAOZHANGJIAOYUFENGCAI
风采
校长

于国文

北京市门头沟区三家店铁路中学

于国文校长自任职以来，就一直不断地构思着北京市门头沟区三家店铁路中学的建设蓝图。如今的铁中：靓丽的校舍、崭新的操场、现代化的办学设施一应俱全、生源翻番。书法基地、模型基地、丰富的文体活动等成就了铁中的特色发展。

在于国文校长的带领下，具有铁中精神的干部、教师团队通过几年的科研探索，确立了“让每一个铁中人和谐健康发展”的远景目标，逐渐提炼出学校的办学理念——“三龢”，即：学生似禾苗生长；教师致合作耕耘；学校谋和谐发展。“三龢”课程体系基本形成；“双参与三融合”教学模式奠定了高效课堂教学；以“养成教育”为主的德育模式优化了校风学风。

八年来，铁中中考成绩位居全区前茅，学校的各项工作蓬勃发展，为全区打造“京西教育高地”贡献着自己的智慧和力量！

神态
北京百名初中校长教育风采
BEIJINGBAIMINGCHUZHONGXIAOZHANGJIAOYUFENGCAI
风采
校长

于长水

北京市昌平区平西府中学

在于长水校长的带领下，北京市昌平区平西府中学秉承“人人健康成长，个个发展成才”的办学理念；以“文化建设为引领，小组合作为抓手”，以“探教学模式改革为突破，版画教学为特色”的学校发展思路；依托“家合人生”的主题文化建设，进一步确立了“书香之家”抓阅读，“志同道合”促课改，“立德树人”做德育，“多彩人生”建课程的学校工作策略。

两年来学校又紧紧依托社会资源，加强戏剧、游泳、击剑、滑雪、足球、手绘油画等课程建设，不断完善社团建设和课程开发，特色化发展步伐进一步加快，办学亮点纷呈。

学校先后被评为“第二批校园文化建设示范校”、“昌平区课程建设先进单位”、“全国新德育教育实践基地”，尤其是版画教学特色相关内容值得业界学习和推广。平西府中学已成为区域特色发展的典型。

神态
北京百名初中校长教育风采
BEIJINGBAIMINGCHUZHONGXIAOZHANGJIAOYUFENGCAI
校长风采

张爱国

北京市延庆区大榆树中学

张爱国任职校长十几年来，他要求教师把每一个学生装进心中，关爱每一个学生，促进每一个学生的全面、主动、健康发展。

多年的教学、管理实践使张爱国校长深深懂得，教师是学校工作的主体，加强教师队伍建设，提高教师的各种素质是办好学校的基本条件。在他的带领下，北京市延庆区大榆树中学以“为每一位师生终身学习与发展提供优良的服务”为办学指导思想，贯彻“明理、启智、健体、合作”的校训。干部教师以“启智”教育为工作主线，通过高效的智慧生态课堂以及丰富多彩的教学及社会实践活动，促进学生健康和谐的发展，努力实现“让课堂充满活力、教师充满自信、学生充满欢乐、校园充满生机”的办学目标。

在“成为办学质量一流的农村中学”的共同愿景指引下，学校办学效益和质量稳步提升，群众满意度较高。

神态
风采
校长
北京百名初中校长教育风采
BEIJINGBAIMINGCHUZHONGXIAOZHANGJIAOYUFENGCAI

张凤勤

北京市怀柔区桥梓中学

在张凤勤校长的带领下，学校秉承“德才兼备，发展为本”的教育理念，全面实施素质教育，以提高质量，追求教育最大附加值为宗旨，以培育和践行社会主义核心价值观为统领，以减负提质为核心，不断改革，不断创新，不断探索全面提升教育教学水平。

学校把以身作则，率先垂范，作为班子成员的工作准则，形成事事有人管、人人用心管，管理规范、运行高效的精细化管理机制；以阶梯目标为导航，提升教师专业化水平；以抓实常规、突出重点、力求创新为思路，强化学生养成教育，使德育工作的实效性进一步增强。

仅用短短的两年时间，使一所基础薄弱的农村学校跃居为全区教育的排头兵，真正让农村孩子享受到了优质教育。两年来学生体质健康标准测试和中考两率一分均居全区之首，并蝉联中考单科十三项指标第一，示范性高中率达到了66.67%，赢得了家长与社会的高度赞誉，真正立足于学生成长，办人民满意的教育。

校长风采
神态
北京百名初中校长教育风采
BEIJINGBAIMINGCHUZHONGXIAOZHANGJIAOYUFENGCAI

张桂书

北京市延庆区永宁学校

张桂书校长认为，学校的发展，首先是教师的发展，最终实现学生的发展。

一座历史悠久的古城，一所具有60年底蕴且富有现代化气息的农村学校，一个校长正和他的团队在“群英教育”的引导下，努力践行“修身、自强、勇敢、担当”的办学理念，努力实现着“北京知名、延庆一流的九年一贯制群英教育品牌学校”的理想。

北京市延庆区永宁学校在张桂书和他的团队的共同努力下，先后荣获“全国教育系统先进集体”、“北京市学校文化建设示范学校”、“北京市基础教育课程建设先进单位”、“延庆区教育系统先进单位”等荣誉。

学校特色建设鲜明，非物质文化遗产传承与创新成效显著，北京市“南关竹马”传承基地校，北京市《长城传说》传承人，在活动中育人，在活动中培养人，永宁学校正在路上不断前行。

风采
校长
神态
百名初中校长教育风采

张海霞

北京市陈经纶中学保利分校

“学最好的别人，做最好的自己”是北京市陈经纶中学保利分校张海霞校长对保利人说得最多的一句话。

在张海霞校长的带领下，学校在传承、创新经纶理念中大胆而锐意的改革：为老师们搭建主动发展平台，夯实基本功，让常态优质、减负提质工作得到有效落实；整体构建“生命成长”课程体系，践行教师引领成长，学生自主成长，家长陪伴成长，课程保障成长，环境浸润成长的“成长文化”，落实“跨学科、跨领域、跨学段”的“三跨”综合实践活动体系，师生共同努力连续三年中考成绩居全区第一质量平台，为学生可持续发展和个性化成长奠定坚实的基础。

五年来，学校在组织建设、队伍发展、学生培养上都取得了长足的进步。今天的“保利”已进入“新标准、新常态、新品质”的内涵发展期，正向着师生的家园、乐园和学园不断迈进。

神态
校长风采
北京百名初中校长教育风采
BEIJINGBAIMINGCHUZHONGXIAOZHANGJIAOYUFENGCAI

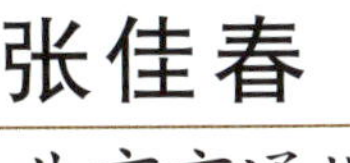

张佳春

北京市通州区运河中学

北京市通州区运河中学在张佳春校长的带领下开拓创新，使一所办学历史不足二十年的学校在2003年跻身北京市示范高中行列。张佳春校长倡导“校兴科研、科研兴校”的理念。全校教师把教育教学中的问题提炼成为研究课题，以教育科学研究促进学生、教师和学校发展成为运河中学的重要特色之一。“十五”、“十一五”、“十二五”期间的教育教学成果始终在全区处于领先地位。以运河文化校本课程为龙头的学校课程建设引领区域课程教学改革。

他的个人专著《且思且行》，总结了运河中学的办学实践，明确了“和谐发展教育”的办学思想。和谐发展教育办学思想有力促进了教师队伍专业发展，打造了一流的教师队伍，对深化学校课程教学改革，提升学校的办学质量起到了重要推动作用，指导运河中学取得了优异的办学业绩。

神态
风采
校长
北京百名初中校长教育风采
BEIJINGBAIMINGCHUZHONGXIAOZHANGJIAOYUFENGCAI

张金星

北京市怀柔区第三中学

在张金星校长的带领下，北京市怀柔区第三中学全体教职员工始终秉承“以人为本　发展创新”的办学理念和“严谨、和谐、开明、开放”的管理理念，把“爱·阳光·成长”作为学校核心价值，逐步形成了“名师引领、阶梯导航、以爱育爱、实践提升”的办学优势和特色。

几年来，怀柔三中跨越式发展，先后被评为“首都文明单位”、“北京市校园文化示范校”、“校本培训先进集体”、“教科研先进集体”、“艺术教育特色学校”等荣誉称号。教育教学质量连年攀升，2016年中考，怀柔三中包揽了全区前八名，更是创造了建校以来的最为辉煌的成绩，怀柔三中真正成为一所在本地区有着良好声誉的学校。

办最好的学校，让教师成为本地区最好、最快乐的教师，让学生幸福成长、有德向上，是一个普普通通的校长永恒的追求。

《中小学数学教学》创办于1983年，是北京市教育委员会主管的唯一一份面向学生和老师的教辅类报纸，以名师集体编写的教辅报为办报宗旨，以用大师智慧启迪学生智慧为服务理念，在业内具有标杆性的引领地位。

报社始终将输出优质内容作为出版工作的生命线。现拥有包括数学家、大学教授、特级教师、正高级教师、教研员，近百位业界翘首共同组成的编委团队，稳定拥有五百余位北京一线数学名师组成的作者队伍。

围绕数学学科建设与发展，培养和选拔数学拔尖创新人才，报社进行了大量具有前瞻性的工作。报社曾开创的“北京市中小学生迎春杯数学科普活动”（简称迎春杯数学竞赛），现转型为以“数学与生活“为主题的“数学解题能力展示读者评选活动”，截止目前累计参加学生人数超过100万人次，在发现和培养数学创新拔尖人才方面作用巨大。

报社紧跟时代脉搏、贯彻落实素质教育实施纲要精神。近些年在“互联网+数学”、“数学与生活”、“数学国际化”、“数学文化与阅读”、“数学社会综合实践活动”等方面进行了有益探索，极大地促进了优质教育资源的均衡，促进了先进教学理念的分享。

出版内容：

与教学节奏密切对接与高度匹配，调配整合优质资源专业权威服务新中考改革、新高考改革，已成为帮助学生喜好数学、学好数学、用好数学的得力帮手。

出版年级：

从小学三年级到高中三年级，共计10个年级。

中小学数学教学

2016年9月24日 农历丙申年八月廿四

星期六 总第1540期 咨询电话：010-83910116

北京名校名师集体编写的教辅报

■主管单位：北京市教育委员会 ■主办单位：北京教育音像报刊总社 ■国内统一连续出版物号：CN11-0702/(F) ■广告经营许可证：京宣工商广字第0075号 初中

我们的内容 与北京中考改革同行

责编：鲁彬 王玉起 冯艳艳 美编：陈 波

我们将组织专业团队针对2018年的新中考进行研究，对新中考数学考试的题型、分值分布、考点、考察方式进行预测，对应对新中考的策略和思路进行探讨。

初三版将帮助广大初三学生更加有针对性地应对2018年新中考数学改革，帮助学生在新中考中取得理想的成绩。

初一、初二版本的主要定位于培养学生数学学习兴趣和数学思维、掌握基本的数学概念、定理和解题方法，提高逻辑思维能力、解决问题能力、运算能力，为顺利参加中考和今后的数学学习打下基础。

神态
北京百名初中校长教育风采
BEIJINGBAIMINGCHUZHONGXIAOZHANGJIAOYUFENGCAI
风采
校长

张庆民

北京市昌平区流村中学

在张庆民校长的带领下，北京市昌平区流村中学秉承“让每一名学生都成功，让每一位教师都成长”的办学理念和“建最好的农村寄宿制初中校”的办学目标，坚持“四自教育”的办学策略，努力做到让每一名同学能够“住的温馨、吃的放心、学的开心”，让学校真正成为学生“成长的摇篮、精神的家园”。

学校连续三年被评为“区级师德先进集体”、“一等奖学校”，并先后被评为“北京市学校文化建设示范校”、“北京市非物质文化遗产传承校”、“全国艺术教育特色学校”、“昌平区初中优秀学校”等荣誉称号；2015年，学校接受了义务教育均衡发展国家检查并获得好评。

学校现已发展成为昌平区规模最大的山区寄宿制初中校，“让山区学生同样享受到优质教育，让山里飞出金凤凰”，已成为全校教师的共同梦想。

神态
校长风采
北京百名初中校长教育风采
BEIJINGBAIMINGCHUZHONGXIAOZHANGJIAOYUFENGCAI

张昕轶

北京市延庆区下屯中学

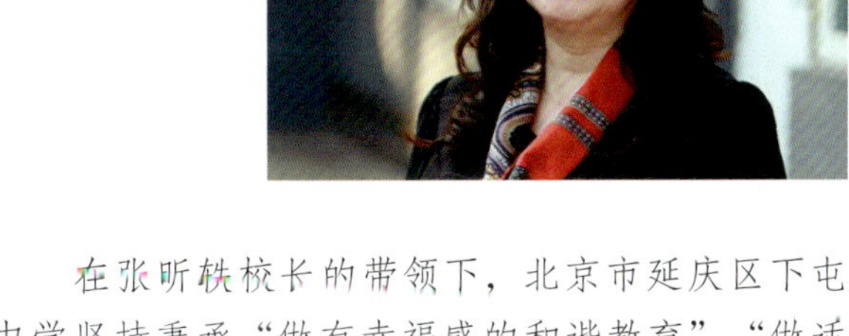

在张昕轶校长的带领下，北京市延庆区下屯中学坚持秉承“做有幸福感的和谐教育”、“做适宜发展的生态化教育”理念，着力实现学生、老师、学校可持续发展的共同愿景。

学校结合构建学校生态化教育实践体系项目的研究，围绕“学校有特色、教师有特质、学生有特长”推进各项工作。坚持“做适宜发展的生态化教育”的办学理念，实现学校可持续发展。坚持“生态民主，异致和谐”的管理文化，鼓励教师自由主动提高，实现一师一品质的专业发展。坚持围棋传统特色学校的建设、坚持岩彩画、葫芦立体主题彩贴等艺术教育形式的开发，实现一生一特长的全面发展。坚持“共生共育，同舟同力”的公共关系文化，协同当地政府、社区、家长，为学生成长营造了生态化的环境，实现了“大家不同，大家都好”的生态化发展。

北京百名初中校长教育风采
BEIJINGBAIMINGCHUZHONGXIAOZHANGJIAOYUFENGCAI

张学立

北京市平谷区刘家河中学

张学立校长拥有十年北京市平谷区刘家河中学校长历程。他引领师生们形成了“依法治校、以德立校、质量兴校，促进教师专业发展，促进学生全面发展，促进学校可持续健康发展”的办学思想；以“让学会成为习惯，让优秀成为习惯，让会学成为习惯”为育人理念；以“人文求善、科学求真、快乐学习、阳光成长”为育人目标，建立了“让教师先成名再成师，让学生先成人再成才”的发展愿景。

学校秉承“教坛新秀——教学能手——学科带头人——学者型教师”的培养方向，打造了一支优秀的师资队伍；培养出一批“善良勤劳、自强不息、坚韧不拔、博爱多学、以礼待人、诚实守信、认真做事、全面发展”的优秀人才，为学校的可持续发展奠定了坚实的基础。

学校连续多年被区委、区政府评为“教育工作先进集体”。

北京百名初中校长教育风采
BEIJINGBAIMINGCHUZHONGXIAOZHANGJIAOYUFENGCAI
神态
风采
校长

张玉淑

北京市密云区东邵渠中学

在张玉淑校长的带领下，北京市密云区东邵渠中学秉承“以人为本，和谐发展”的办学理念。学校提出了“全面贯彻党的教育方针，以人为本，立德树人，为教师的专业成长服务，为学生的终身发展奠基,促进师生共同发展”的办学指导思想。

学校拥有一批优秀的教师队伍。在 26 位任课教师中，市级、区级骨干教师各 3 名、区级骨干班主任 1 名,校级骨干 4 名。“和谐发展、幸福乐园”是全校师生的共同愿景，希望学校真正成为学生健康成长、教师舒心工作、师生教学相长的乐园。

近年来，学校通过建设“师友和谐互助课堂”、实施学生全员成长导师制，学生真正成为课堂的主人、课程的主人、学校的主人，教育教学质量显著提升。学校先后被评为“北京市文明学校”、“北京市学校文化建设示范学校”、“密云区家长示范学校”等称号。

北京百名初中校长教育风采
BEIJINGBAIMINGCHUZHONGXIAOZHANGJIAOYUFENGCAI
神态
风采
校长

周立军

北京市通州区宋庄中学

北京市通州区宋庄中学的校训、校风、学风中都有一个“实”字，“为人朴实，工作务实，过程扎实，作风踏实”，是宋庄中学多年来形成的一种良好风气，也是宋庄中学干部教师的真实写照。

在周立军校长的带领下，学校全体教职员工坚持育人为本，促进学生的全面发展。以学生的全面发展为本，进行全员育人、全过程育人、全方位育人。特别是实行的学生“自主管理”模式，使得学生在养成教育方面做得很好。学校坚持质量立校，让每一名学生都得到发展，并且取得让学生家长社会满意的教学成绩，学校连续多年被评为“通州区初三毕业班工作优秀学校”。

同时，学校也依托教育学院校长研修学院协同创新项目，注重干部教师的专业化发展，为落实好《北京市深化基础教育领域综合改革》方案，办好农村初中校提供源源动力。

校长灿烂的笑容驱散了天空雾霾

北京百名初中校长教育风采摄影展微信摘记

2017年1月7日上午，200多位来自北京初中学校的高朋，莅临北京百名初中校校长教育风采摄影展现场，让北京园博园欧洲城堡暖意洋洋。除了感动于包括吴甡校长等在内的支持外，还特别感谢北京交通台副台长李哲勇义务主持了这场活动。

我不是学摄影的，也不是从事摄影工作的，但却有幸完成了人生一件壮举：给北京110多所校长专业拍摄风采照。

这两个月来，每日诚惶诚恐，唯恐拍不好校长的神态来，他们对教育热爱与忠诚的眼神，他们对教育热爱和忠诚的姿态。幸好，大家都鼓励着我，包容着我，我也终于完成了工作，通过这个艰苦卓绝的行动表达了对教育的热爱与忠诚！

在拍摄的两个多月里，有不少感怀，我用微信以文图记之。

2017.1.9

昨天发了一组校长风采照，不断有朋友希望多发几张。这些校长，不是明星，胜似明星。

再发一组女校长风采。无论是在阳光下，还是办公室，她们的美，带着光环，由内向外流溢着。

2017.1.8

昨天特别感动，几度泪满眼眶，悄然擦拭。这种感动，源于两个多月来，北京 100 多位校长热爱教育对我的熏染。他们是一群高尚的人，是一群永远令我们崇敬的人。有他们，教育就有希望，教育就有发展。愿为他们的工作与生活增添些许的欢愉。

2017.1.7

今天，北京百名初中校长教育风采摄影展成功举行，校长们欢聚一堂，高谈阔论。他们灿烂的笑容，驱散了北京天空厚重的雾霾。

2016.12.23

有点兴奋，有点感慨。有点温暖，有点幸福。历时两个多月，行程过万公里，涉及 100 多学校。今天终于完工。校长们热爱忠诚教育的精神，激励我们竭尽全力为教育做些努力。

2016.12.17

今天中午也忙碌着，应北京人民广播电台新闻天天谈主持孙畅之邀，来到直播间与著名心理专家余伟一起谈校园欺凌。这一周来，依然走访了一些学校，密云、朝阳、房山、石景山、东城等，与他们的交流，不仅增长着智慧，而且洗涤着心灵。

2016.12.16

天公实在是支持我们的活动。今天算是本次活动外出的收官。上午去朝阳和顺义学校，活动进行中，天蓝云白风清。中午回城路上才眼见得雾霾压京城。

2016.12.15

密云真的特别善待我们。最近前后 5 次来密云，每次都阳光灿烂风清天蓝。

北方交通大学附属中学密云分校，校门口一角的小竹林，传达室窗外的大梧桐，教学楼前方的六角亭，都很别致都很有寓意。

2016.12.14

再去宏志中学，时隔不太久，感受温暖精致的教育。再去北京科技大学附属中学，时隔超过 20 年，感受普通学校向名优中学的变迁。第一次去北京十三中分校，久闻其名，切身感受优质教育结果中校长教师的智慧与付出。第一次去陈经纶中学保利分校，才闻其名，切身感受一所仅有 5 年历史却被家长学生追捧的学校校长教师的智慧与辛劳。

2016.12.13

近 2 个小时车程，一年内 5 次拜访。每次都有丰满的收获，每次都有激励的感动。关注教育等于关注孩子。关注孩子等于关注未来。当一些不懂教育的人高谈阔论教育的时候，真正的教育人却默默地为完善和发展教育倾注心血。

2016.12.9

今天真是巧与缘。1、上午去陈经纶中学分校，一校三址走了个遍，最后见到刘永芬校长，优雅美丽。她从 1975 年就在陈经纶中学工作。2、11 点赶到北京教育科学研究院附属石景山学校，校长何英茹是校友，仅低一届。学校极其精致美丽。3、下午到了北方交通大学附属中学，除了拜访帅气儒雅的戴文胜校长外，还在楼道里偶遇了多位多年的老友们。今天，满满是幸福的感觉和幸福的回忆。

2016.12.8

早晨密云的太阳与校园，跟仙境一般。走进东邵渠中学校园，感觉特别舒展。

第二次来密云五中，就为了补上次的缺憾。天公异常做美，早起还有点雾霾，到密云之后雾开霾散。见到老朋友密云五中校长高光斌，也格外亲切。谈论教育改革，共识多火花亮。

2016.12.7

刚刚（备注：此时为 00:03）忙完，感慨颇多。离天安门最近的前门外国语学校，校园里浓郁的中国古典丰韵，是我最喜欢的北京中小学校园风貌。清华大学中央工艺美术学院附属中学王泽旭校长，书法绘画教学全国堪称一流。我们是亲密的老朋友，一段时间未见，突然看见他些许的灰白头发，触惊内心。陈经纶中学帝景分校一股清新优雅之风。这是教育的神态。感谢工美附中王校长赐字：神态、自然神态、春风化雨。

2016.12.5

德茂中学。和义学校。东铁匠营二中。北京 65 中学。三帆中学。穿越北京城，从南依次往北，分享着他们各自不同的教育理念，倾听着他们各自不同的教育实践。如果，全天下的校长都跟他们一样，教育将是有活力的，将是有色彩的。

2016.12.2

天气预报今天是雾霾橙色预警，有点担心拍摄效果。早 6 点 30 分出发，沿京新、京银高速穿山赴延庆永宁。沿途风光感受到祖国山河美丽壮观。一整天延庆和昌平蓝蓝的天，实在是提供了最合适的光线。是因为我们的勤奋付出？还是因为教育带给我们的福祉？都是吧！

2016.12.1

今天天气格外晴好，仿佛特别眷顾平谷四所学校。平谷四中、平谷中学、北京师范大学附属中学平谷第一分校，均蓬勃地发展着。校长和老师，合力为平谷人民提供优质教育。教育优质了，人民就会幸福了。

2016.11.30

今天是朝阳日，一口气去了北京师范大学附属朝阳学校、劲松一中、中国传媒大学附属中学、北京九十七中学四所中学。不管外面怎么样，校园里都精致洁净。后又去了北京石油学院附属中学，补拍。与孙玉柱校长聊起教育，忘了天黑。

2016.11.29

从马驹桥中学到于家务中学，再从宋庄中学到运河中学，感受是北京行政副中心蓬勃发展的教育。与昨天四区四个女校长相比，今儿个真巧，四位均为睿智儒雅的男校长。他们如长兄，在教育的路上引领我们追随。

2016.11.28

今天巧事成堆。巧事 1、原本去五所学校，因发生点小意外，只好取消一所的行程。恰巧，取消行程的学校校长为男性，去的四所校长均为气质儒雅行事干练的女校长。巧事 2、学校校名含了天（昊天学校）、山（大峪中学分校）、水（清河中学），让我们大踏步前进（前进中学）。巧事 3、今天行程依次为房山昊天学校、燕山前进中学、门头沟大峪中学分校，最后一站为海淀区清河中学，结束后竟然 5 点就到家了。想想这些，心情欢愉。明天继续！

在燕山前进中学，偶尔镜头一瞄，看见逆光下学校书记灿烂的笑容，慈爱至极，温婉至极。摁下快门，留住这一瞬间。

2016.11.26

又忙忙碌碌一周：翻山越岭，雾霾天晴，寒风冰雪。但进校后，却都如沐春风。这就是教育的感觉，如刚品一杯暖茶，如刚喝一杯热咖。就是这种感觉，让我们永久坚持，让我们甘愿付出。

2016.11.25

迎着暖暖的朝阳，行走在教育路上。（7:35 摄于站前街）

今天，次渠中学校长也是数学学科，真巧啦。更巧的是，在站前街发的微信，校长陈勇竟然看到了。因此，刚到校门口，他就站在门口等候了。真应了那句话：暖暖的朝阳，暖暖的教育。

2016.11.24

今天是感恩节。巧事一大堆。巧事真巧。今天拜访的东风中学、星城中学、向阳中学、北方工业大学附属学校四位校长，全都是数学学科。巧事真巧。燕山的三所中学，因实行五四学制，中学是六七八九,四个年级。巧事真巧。见北方工大附属学校校长之前，同事猜测跟他熟识。见面后却跟我很熟识。感恩曾经和现在给予我们帮助的每一个人！哎呀！巧事真巧。忘了和海拔最高的向阳中学校长合影啦！

2016.11.23

潭柘寺中学与新桥路中学。教育的神圣与美，体现在神圣与美的群山与蓝天中。为两位校长点赞。

2016.11.22

桥梓中学和渤海中学。昨天雪封山路，山里的学生放雪假一天。今天天蓝云舒，仿佛专为展示他们的奉献与坚守。教育是幸福的。宣传教育也是幸福的。

2016.11.21

活动时间已定。内容采集也已过三分之二。加油！加油！再加油！完美收官，回馈支持的各位校长兄弟姐妹们。对教育的热情与忠诚，对教育的思考与实践，体现在行动上，更体现在智慧与坚守上。

2016.11.18

今天去石景山中学和景山学校远洋分校，工作进展非常流畅。校长与教师、学生,还有我们,都快乐、和谐、亲近，并互相支持。石景山中学下延到小学，成为北京九中教育集团重要力量。景山学校远洋分校已成名优学校，数学组有老师把学生从小学高年级一气教到高三，学生高考成绩棒棒哒！

2016.11.17

今天天气虽不好，但拍摄效果却没受太大影响。用教育浸润生命是北京师范大学附属亚太实验学校的主旨。校园美丽，适合读书。天通苑学校门口金光灿灿的钢笔造型，独特新颖而又寓意深远。

2016.11.16

南梨园中学，充满田园诗意的校名，确实几经变迁沉浮如今生机盎然。卢沟桥中学，立即想到卢沟桥事变，是我了解的校训中第一个出现“刚健”的，可见校长办学的创新与独特。丰台八中，一提起就让当地居民称赞的好学校。最后去的是赵登禹学校，一位沉心做教育的校长办学，使其成为名闻遐迩的九年一贯制优质校。

2016.11.15

一个气质高雅。一个帅气儒雅。北京27中，离天安门最近的中学，航空航天科技教育、女排等独具特色。北京22中，曾经一个班55%考上北京大学清华大学的普通中学，如今正成为真正的教育优质示范校。今天走访的两位，都曾去过多次，与两位校长也都是老朋友。因教育，而结缘。如今，为教育，共努力。

2016.11.14

今天去了四所学校：亦庄中学（大兴）、北京四中璞瑅学校（丰台）、长辛店学校（丰台）、北京九中（石景山）。以家（西北五环外）为起点，走完四所学校回到家，刚好把北京城转了一个圆圈。校长们说我们受累。我们说：如果累，也是幸福的。能给他们拍照，是我的荣幸，也是最大教育心愿之一。

2016.11.11

今天去哪儿？校长们的问候暖心呐！宏志中学、广渠门中学、十一中分校。严重的雾霾挡不住行走的脚步！

2016.11.10

密云的中学，各具特色，教学质量蒸蒸日上。作为办报人，中小学数学教学报受到学校认可和赞赏，感觉最幸福。

2016.11.9

山路弯弯。崇山峻岭。走进清水。走进斋堂。感受深山区初中教育现状。欣喜中！校长们都怀着优质教育梦想，为山区孩子用知识改变命运，积极地努力着。

马池口中学校长吴振奇令我敬佩：为了学校的延续性所表现出的魄力。如果，每个校长都像他，中国学校的历史就不会随便地被中断了。

北京石油学院附属中学孙玉柱的大气和睿智，正让学校赶超上顶级名校。铁人精神啊！

刚从三家店铁路学校出来。2小时前从妙峰山民族学校出来。两所极有故事的学校。手工、足球、管乐等等。两个校长用他们的激情与智慧，构筑这宏大的教育梦想。给他们助力！

2016.11.8

今天记者节收到的最隆重礼物：这束花和卡片上的留言。十多年前的一次采访，让他感谢了这么多年。他说，我挽救了孩子，应当心存感激。我说，那是我的工作，只要对孩子好。

从昌平学校到海淀学校，再回西城单位的路上，接到他的电话，说把花送到社里。这些年，我换了单位，但他依然十多年没变，在记者节这天给我送花。来之前他并不告诉我。记者节我也因种种原因不在社里。屈指算来，送花能直接见面仅两三次。每次收到花，心里特暖和。我不知道该怎样回应他浓烈而质朴的感谢。只是不断地重复对他说：有什么需要帮助的，我还会尽力。

2016.11.5

红烧肉要与爷爷奶奶一起吃。孩子不管在这里读几天，我们也要提供尽心的教育。让每个生命精彩绽放。麦秸画。烫葫芦。位于门头沟山区的王平中学，就是这样一所精致有故事的学校。

昨天下午去门头沟王平，下午2点多开车在路上。透过车窗看外面这样的环境，从心底涌起对采访者的尊重。忽然觉得自己也伟岸起来。内心深处的触动，激励我们心态平和心情愉悦地完成着现有的工作。

2016.11.4

今天走访了三所中学，结交了六位校长。为教育，他们都是人生导师。让每个生命精彩，我们还能做的更多。为他们点赞，也为自己点赞。

2016.11.3

最近去过多趟郊区，红彤彤沉甸甸的柿子，不管是一株还是成一片，总能产生浓烈的丰收感。其实，柿子只是努力地成长着，成长是否必然硕果累累？答案是否定的。但只有在其他季节努力地成长着，到收获季节才可能硕果累累。如果在其他季节不努力成长，那么到收获季节则必然颗粒无收。

2016.11.2

昨天怀柔区五所中学一行，与校长与教师面对面对话与交流，从他们身上对教育的收获，就像蓝天一样深远，就像秋日的银杏树叶一样金灿。在数学特级王长青工作室里，“做一个传播正能量有影响力的人”，更是触动心灵。我们愿与他们一道。

平谷五校走访，不一样的感动。一谈起教育，他们两眼放光，满脸洋溢着幸福。他们坚守。他们奉献。他们让生命精彩。

2016.10.29

昌平两所优质中学：中国石油大学附属中学（原昌平五中）和昌平四中。走进校园，才能真正目睹和体味一名优秀校长的亲和力。为他们点赞！

2016.10.28

美丽的早晨，出发。

今天上午，拜访华北电力大学附属中学(原回龙观中学)、平西府中学。天公做美，交流愉快。钦佩他们对教育的热爱和思考。

优雅美丽的女校长，亭自庄学校褚春梅，可做中小学数学教学报形象代言人否？校长说可以哦！

2016.10.26

今日走访四所中学，良二良三与房五，刚刚出了北潞园，收获慢慢回程中。谈教育，谈数学。再谈教育，再谈数学。深入了解了校长和教师的胸怀与视野后，深感我们和中小学数学教学报的责任与机遇。走基层，方知大需求。

（备注：良乡二中、良乡五中、房山五中、北潞园学校）

2016.10.25

敢担当，爱教育。今天走访大兴学校。校长们的专注与坚守，撑起了中国初中教育的脊梁。

下午再去两所学校。很喜欢魏善庄中学的善教育。人人都善良了，和谐的中国自然就建成了。

2016.10.21

火炬传递。文体表演。赛场竞逐。奥运冠军宋妮娜颁奖。北京张坊中学的校运动会精致中透着宏大，宏大中渗透着教育。有目标。有梦想。永不放弃。中国女排精神激励着这所学校和这所学校的学生们。

2016.10.20

密云，怀柔，延庆。城区，山区。校长，教研中心。两天，走访了一所又一所。与他们接触，才更深深了解，中国教育，因为有他们，才有了脊梁。

2016.10.19

密云中学一日行。密云六中、密云三中、不老屯中学，收获了秋色，收获了智慧，收获了幸福。

2016.10.15

延庆。房山。通州。今天。昨天。前天。下周。怀柔。房山。北京最美丽的季节，一所接一所，拜访远郊的学校。这是工作。也是事业。累并快乐着。不悔。

2016.10.13

一个下午，访四所中学。延庆二中、延庆三中，下屯中学、大榆树中学。有趣有趣很有趣，累啊累并快乐着。

邓兴军

2017 年 3 月